老子と太極拳

清水豊
Yutaka Shimizu
著

BNP
ビイング・ネット・プレス

まえがき

中国には、神仙道の豊富な古典がある。

中国の武術や気功が、日本に本格的に紹介されて、三十年ほどにもなろうか。優れたエクササイズは、おおむね移入されたといってよいのであろう。そうした今日にあって、求められているのは、内的な深さであると、わたしは考えている。内的な深さを得るには、どうしても神仙道の古典の力を借りなくてはならない。

古典が古典として残っていくためには、それが読みつがれていく必要がある。忘れさられてしまった古い文献は、古文献であっても、古典ではない。時代に左右されることなく、常に価値を見いだすことのできるもの、それが古典なのである。そうであるから古典が、大切で価値のあるものであることは、多くの人の認めるところであろう。しかし、なかなか手にとりにくいのも事実である。

その原因としては第一に、語句がよく分からない、ということがあげられよう。古典は古語で書かれている。古語は、いまは使わない言葉である。日本では『老子』や『論語』などの中国の古典もよく読まれてきた。そのために中国語を日本語として読む「漢文」なる読み方も考案された。しかし、これも慣れないとなかなか難しいものである。

第二に、文章の構成が今とは違うので、読んでもすぐには理解できないことがある。書かれたのが、数百年あるいは千年、二千年も前なのであるから、こうしたことは仕方のないことでもあろう。

第三に、書いてあることのすべてが有用であるとも思えない。古典が書かれたのは、かなり古い時代である。ときの流れとともに、人びとの生活環境も変化をしている。いまの時代にはあわないような内容も書かれている。ただ、また時代が変われば、今は使えないと思える情報も、有用なものとなることもあるのであるが、ハウツー本のようにはいかない。

太極拳や八卦拳は、いうならば武術界の古典である。こうしたものを修している人は、もうすでに古典に触れているといってよいのである。かつて、わたしは合気道を考えるうえで逸することのできない日本の古典である『古事記』については『古事記と植芝盛平』で、太極拳や八卦拳を修するうえで欠くことのできない中国の古典である『陰符経』は『神仙道と植芝盛平』で解説をしている。そして今回は『老子』である。

『老子』に記されていることは、まさに太極拳の考え方そのものである。本文では、もっぱら「太極拳」とのみ記して、「太極拳」と『老子』の内容の共通性を論じているが、これはもちろんのこと「太極拳」だけに限るものではない。八卦拳や形意拳または合気道でも、ほぼ共通しているといってよいことなのである。

目先の闘争ではなく、おおいなる道《タオ》との合一を視野に入れた武術のことを、とくに「道芸」ということがある。太極拳や八卦拳、形意拳それに合気道も、みな「道芸」に属するものなのである。そうであるから、どれも、『老子』の内容と共通性を有するわけである。いうならば『老子』は、道芸の奥義書といってもよいのである。

ただ、本書では『老子』の文章のすべてを解説してはいない。『老子』八十一章のすべてに触れてはいるが、全文ではない。各章のエッセンスとなる部分についてのみ説明を加えている。これは煩雑さをさけるためである。さらに詳しく研究を深めたい方のためには、「あとがき」で『老子』の注をした文献を紹介しているので、参考にしていただきたい。

また、一章ごとに「詩」を付している。この「詩」は、陸西星の『老子』を注した『老子玄覧』からとっている。『老子玄覧』も、ひじょうに優れた注釈書である。本書では、各章の全文に触れることができなかったので、それを補う意味で、陸西星の「詩」を付している。そうであるから、本文は、「詩」の解説ではないし、本文をまとめたのが「詩」でもない。わたしの意図としては、本文と「詩」で、それぞれの章の全体的なイメージを持っていただけたら、と考えている。

また、表紙には、彫刻家の薬師寺一彦氏の「青の記憶」を使わせていただくことができた。わたしは、この作品に天地創造のイメージを見ている。天《あめ》の御中主《みなかぬし》の大神と「むすび」の神々の誕生のイメージと、なにか、ひじょうに合うものを感じるのである。天の御中主の大神は、「天」とあるが、本来は「海（あめ、あま）」である。このおおいなる「海」の中から、エネルギーが分離しようとしている。それは、あたかも無極という渾沌から、陰陽が分かれて太極が生まれようとする瞬間のようにも感じられる。

老子は、おおいなる道を「淵」としてイメージしていた。「淵たるは、万物の宗に似る」（第四章）として、深い「淵」の底知れない感じが、おおいなる道そのものである、と言っている。老子が「淵」としてイメージしていたものは、この「あめ（海）」のイメージと重なるように、わたしは思う。

こころよくご協力をいただいた薬師寺氏には、感謝を申し上げたい。また、ビイング・ネット・プレスの野村敏晴社長には、今回もひじょうにお世話になった。いまは、この本がきっかけとなり、また他の神仙道の文献も紹介できる機会の持てることを願っている。

清水豊　両儀堂にて

二〇一三年五月

目次◉老子と太極拳

老子と太極拳

第一章

道にとらわれていたのでは、おおいなる道を知ることはできない。
道という名に、とらわれてはならない。
おおいなる道の「妙」を知り、味わい尽くすには、
つつしみ深く、こまかなところに気をつけよ。
有にも、無にも、執してはならない。
ただ、赤子の如く、無心であればよい！

太極拳と陳家砲捶

『老子』の冒頭は、次の言葉をもって始まっている。

「道の道とすべきは、常の道にあらず。

名の名とすべきは、常の名にあらず」

これは、「道」として一般的に考えられているものが、本当の「道」ではない。「道」という「名」にとらわれてはならない、という教えである。

「道」という「名」を知っていて、分かったつもりになっていても、それで本当に「道」が体得で

きたわけではない。いうならば、「道」という「名」にとらわれているうちは、まだまだ本当の「道」の体得には、ほど遠いレベルにあるということである。

太極拳でも、同じである。陳家の「太極拳」と、楊家の「太極拳」では、まったくといってよいほど、趣が異なる。普通に武術に詳しい人が見れば、別のものである、と思うことであろう。しかし、今日、多くの人は、陳家の拳にも、「太極拳」なる名称がついているので、陳家と楊家の拳を、同じ「太極拳」として見てしまっている。

これは「名」にとらわれているからである。また、楊露禅が陳家溝で拳を学んだ、という知識が、とらわれの原因となっているのかもしれない。陳家溝には、もともと砲捶という套路があった。これは、通臂拳《つうひけん》から生まれたもので、陳一族の独自の工夫（纏絲勁《てんしけい》）が加えられていた。一方で、陳家溝のある河南省地域では、太極拳も行われており、蔣発によって、太極拳は陳家溝にもたらされたのであった。

これを学んだ陳長興は、砲捶の理論により、太極拳を変化させて、今日の陳家「太極拳」を編んだのであった。陳家溝では、砲捶は陳一族以外には、伝えられないことになっており、陳家溝に拳を学びにきた楊露禅は、ただ蔣発の伝えた太極拳のみを教えられたのであった。

もともと、陳家溝では、今日、陳家「太極拳」とされている套路は、太極拳とはいわず、一路であるとか、頭套拳などと称していた。それが、後に陳家太極拳といわれるようになったわけである。

北京に陳家の拳を伝えたのは、陳発科であった。呉図南（呉家、楊家太極拳）によれば、一九五〇年代に北京で開かれた太極拳研究委員会に、陳発科も招かれたのであるが、これに対して呉図南は、陳発科の練っているのは砲捶ではないか、と問うた。すると、陳発科も、自らの練っている拳が太極拳であると、強く主張することはなかった（『太極拳研究』）とされている。陳発科自身は、自らが練っている拳が、太極拳であるかどうかには、こだわりがなかったのであろう。それは、もともと陳家の拳が太極拳ではなかったからである。

老子の言う「名」は、ひろくは先入観をいうものである。我々は、いろいろな先入観をもつことで、物事の本質が見えなくなっている。本来の感覚が閉ざされてしまっているのである。老子は、本来の感覚が閉ざされてしまうと、物事の本質である「妙」が見えなくなる、と教えている。「妙」を知るとは、物事の本当の味わいを知るということである。太極拳も、その真実をよく知って「妙」を味わう境地にまで達しなければならない。

老子が、おおいなる道を知ることの重要性を説くのは、人々に本当の味わい、生きることの味わいを知って欲しいからに他ならない。老子の説く、おおいなる道を知るひとつの有効な方法に太極拳がある。もし、太極拳の「妙」を知ることができたなら、その人の人生は、限りなく豊かなものとなることであろう。

第二章

すぐに、よけいな考えは除いてしまえ！
空なるところに咲く華はない。
もともと、すべての存在は空なるもの。
よけいな思いを加えてはならぬ。
まどやかで、静やかな境地にあれば、
正しき「むすび」も生まれよう。
こうした教えの真実は、
儒教、仏教、道教にあっても、変わることはない。

「むすび」の力・粘を練る

老子は、世の人々がこぞって「美しい」というようなものは、ろくなものではない、という。世の人がこぞって「善い」というようなもので、善いものなどありはしない、という。

ある一定の期間、人々がこぞって認める「価値」というものがある。これが、「流行」である。戦争に突入するときなどは、強く社会の価値観が、一元化されてしまう。ユングは、こうした現象が生じるのは、人に集合的無意識があるからであるとする。

人には、個人の意識をこえてつながっている、ある種の意識レベルがある。これが、集合的無意識である。人びとの意識は、個々に独立しているようであるが、ある根の部分では、共通したところもあるわけである。

自分で価値判断をしたように思っても、じつは集合的無意識からの影響で判断を下してしまっていることもある。こうした危険を避けるには、自分の考えと反対の考えをも視野に入れてみることが大切であると、老子は教えている。

老子は言う。「有」と「無」、「難」と「易」、「長」と「短」、「高」と「下」は、互いに対立して両極にあるように見えても、じつはペアとしてむすばれているのである、と。それは「有」があるからこそ、「無」ということが、生まれるからである。また「難」があるからこそ、「易」が生じるからである。もし、「有」がなければ、「無」といった見方も存することはできない。「難」がなければ、なにが「易」なるものか、分からない。

これは、太極拳の考え方と同じである。太極とは、おおいなる対立のことである。しかし、この対立の中には、引き合う力である「合」が含まれている。この「合」の力のことを、植芝盛平は「対照力」「引力」と言っていた。また、合気道はこの力を得ることが第一であるとして、植芝盛平は「合気道とは、引力の鍛錬である」と言っていたのである。

では、なぜ対極にあるものが、引き合うのか。陰陽説では「陰陽互蔵」なる考え方がある。つまり、「陰」の中にも「陽」が含まれているのであり、同じく「陽」の中にも「陰」が含まれている。陰と陽とが引かれ合うのは、陽に含まれる陰が、陰と引き合い、陰に含まれる陽が、陽と引き合うからであるとされているのである。

老子も、「美」には、その中に「醜」なるものが含まれている。「善」なるものにも、また「悪」が含まれている。そうであるから「美」だけ、「善」だけを見るのは、正しい見方ではない、としている。

老子は、「陰陽互蔵」の見方をすることで、物事の真の姿が見えてくると教えているのである。そして、それはこの宇宙の真実の姿を見ることなのである。「陰陽互蔵」の世界にあっては、すべてのものは、互いに関係性を有している。

そして、そこでは対極するものが、互いにむすばれている。この「むすび」の力を、太極拳では「粘」という。太極拳で「粘」が重視されたり、合気道の稽古の中心が「引力」の鍛錬であるとされるのは、それが宇宙の実相であり、これを悟ることこそが、太極拳や合気道の修練であるからである。

第三章

むさぼることも、いかることもなければ、
災いの生ずることもない。
心を虚しくして、我欲を捨てる。
そして、素朴なる真の自分に帰るのだ。

無為自然と太極拳

ここでも、老子は「無為」に生きることの重要性を説いている。すなわち「統治者が無為であれば、治まらない社会などない」というのである。よく言われることであるが、無為を説く老子を隠者のごとくイメージして『老子』を読むと、意外に政治のことに多く言及されていることに驚く人が少なくないようである。

神秘学では、小宇宙、大宇宙の考え方が、見受けられる。小宇宙としての個人と、大宇宙とが密接な関係にある、と考えるのである。大宇宙と小宇宙の関係性を知る方法は、それぞれに追究されてきた。占星術でも、大宇宙である星の動きと、小宇宙である個人の人生とが、関係していると考える。そうであるから天の動きを見ることで、人の動きを知ることもできるのである。

老子が、この章であげているのは、小さな社会と大きな社会との関連性である。小さな社会としての個人が「無為」を実践したなら、大きな社会においても「無為」が実行されることになる、と考えるのである。「無為」とは、自然そのままということである。自然は、調和に満ちた世界である。ために、個人が「無為」を実践して、自己の内に調和を得たならば、社会においても調和が実践されると教えているわけである。そうなれば、この世には、なんの問題も生ずることがなくなる。

老子は、「無為」を実践する人を、以下のような人である、としている。

1、心が虚である。
2、腹が実である。
3、志が弱である。
4、骨が強である。

こうして並べてみれば分かるように、「心」と「志」は、「虚」と「弱」で似ており、そして「腹」と「骨」は、「実」と「強」で、これも近い。簡単に言えば、心は虚で、体が実であるような人物が、無為を実践しているといえるのである。

興味深いことに、ここに記されていることと、太極拳の極秘伝である「十三勢行功要解」に記されていることが、まったく同じなのである。また、心を虚にするとは、気持ちを落ち着かせることである。これは、神道でいう鎮魂と同じである。「十三勢行功要解」には、

「心をもって気を行《めぐら》せるは、つとめて沈着《しずめ》たるべし。よって、よく収斂して骨に入る」

とある。気をめぐらせるのは、心の働きによるのであるが、それはあくまで意図的なものではなく、

心を鎮（沈）めて「無為」の状態に入らなければならない、としているのである。つまり、志（意志）は弱でなければならないわけである。気をめぐらそうなどとは思ってはならないのである。

こうして自然に気がまわるようになると、自ずから収斂が起きる。気が集中してくるのである。これは臍のあたりにある下丹田に気が集まるのである。腹が実となるのである。そして、気は骨の中にまで達する。骨が強といわれるゆえんである。

心が虚であるのと、志が弱であるのとは同じである。心が虚であれば、よけいなことを考えることもない。すわち志が弱となるわけである。不自然な我欲がなくなるのである。無為の生活で、心が虚であると、なんとなく無気力的な生活を考えてしまうかもしれないが、心が虚となることで腹や骨は、実や強となるのである。そしてこれにより、ひじょうにエネルギッシュな生活がおくれるようになるのである。

こうしてみると、太極拳を修練するということは、『老子』を修練することでもあることが分かる。我々は、我欲をなくすことで、自ずから無為自然のライフスタイルを得ることができるのである。

第四章

大いなる道に、かたよりはない。
どんなにしても、限界というものもない。
単純で調和に満ちた世界、
それは深くてうかがうことのできない世界、
先の先、万物の生まれる前からあった世界、
万物は、そうした世界から生まれた。
大いなる道から生まれた我ら！
ああなんとしたことか、
本当は、このままでおおいなる道の奥義を体得しているのに、
我々はそれを忘れている。

最適化の道・「化」を知る

老子は、ここでかたよりのない「道」とは、「鋭《えい》を挫《くじ》くもの」「光を和らげるもの」と説明している。鋭さや光は、突出した優れたものを形容する語として、ここでは使われている。おおいなる道では、

そうした突出したところが、表に出ているようなことはない、とするわけである。

しかし、そうであっても、おおいなる道は、常に中心にあって、あらゆる問題を解決するもの、とされている。これは、まさに太極拳における「柔」の説明そのものである。

太極拳における「柔」は、丸い運動を基調としているので、鋭さはない。また、武技としての派手さ、つまり武技としての光もない。しかし、「化《か》」の法をもってして、あらゆる攻撃を制することができるのである。「化」は、相手と対立することのない柔らかな方法で、相手主導の攻撃を、自分主導の防御へと転換させてしまうのである。これが、中心となる、ということである。

また、「化」の法は、攻防の技術にとどまるのではなく、生活全般、ひいては人生のすべてにおいても、これを使うことで、自らが中心となることができるのである。中国では、こうした太極拳のような武術を、格闘術としての武術を超えたものとして、武芸ではなく、道芸とよぶことがある。太極拳以外では、八卦拳や形意拳が、道芸とされている。

太極拳の「化」とは、柔をして、相手の剛を変化させてしまうものである。よく日本では「化」を、受け流すことのようにいう人もいるが、それは正しくない。「化」とは、柔をもって、剛を変化させることをいうのであって、その方法はただ受け流すにとどまるものではない。上から抑えるような方法もあるし、撥ねるような方法もある。大切なことは、剛の力を変化させることであり、分散させることなのである。

「柔」とは形を持たないから「柔」なのである。もし、受け流すというように、形をきめてしまえば、それはもう「柔」とはいえない。「化」も同じで、「化」とは変化を促すことである。ただ受け流すだけでは、相手の攻撃をさけることはできても、すぐに反撃をされる危険がある。しかし、「化」の法を使えば、相手の集中した力は分散されてしまっているので、すぐに反撃をされることはない。

状況に応じて、千変万化するのが、「柔」であり、「化」なのである。もし、これを一定の方法に限定して、それに習熟するようなことをしたならば、そこに生まれるのは、一定の形をもった「剛」や「定」への習熟となる。この章で、老子が言っている「鋭」であり「光」を得ることとなるのである。

「太極下乗武事解」では、以下のような文章がある。

「ついには柔軟をして、敵を迎える。柔軟をもって堅剛に応じるのである。堅剛をして、ことごとく化を行い、相手の力を無くさせるのである」（現代語訳）

ほかにも同文献には「化境」なる語もみえている。太極拳独特の力の使い方の最高の境地を、「化境の極まりたる」ところとしているのである。つまり、「化」とは太極拳のすべてを貫く、もっとも大切な考え方なのである。

特定の形式にとらわれることのない境地が、「化境」である。老子は、これを「光を和らげて、塵《ちり》と同じくする」こととしている。つまり、光のように自分の力を見せることなく、塵のように一定の形式を持たないのが、おおいなる道の働きなのである。

一定の形式を持たないから、一見するとなにに使えるのか分からない。しかし、あらゆる問題を解決できるが如くに、あらゆる場面で最適化して使えるようになるのが、おおいなる道、すなわち「化」の法なのである。

第五章

中庸を守り、かたよることがない。
終わるように見えて、終わることがない。
これが、おおいなる道の姿である。
虚も、空も、こだわることなく打ち捨てて、
本当の悟りを得ようではないか。

呼吸を練る

老子は、この章で次のような教えを述べている。

「天地は、仁ならず」

「聖人は、仁ならず」

天地も、聖人も、ともに「仁」ではない、というわけである。天地や聖人は、おおいなる道と、ひとつになっている存在である。そうであるから、おおいなる道には、「仁」の働きはない、ということを、老子は言っているのであろうか。

老子が述べているのは、表面的な優しさであるような「仁」は、本当の「仁」ではない、というこ

とである。おおいなる道にそったところの「仁」を悟ることの重要性に注意を促しているわけである。おおいなる道の持つ「仁」は、あるときには、非情に見えることもある。まったく「仁」と反対の行為のように見えることもあるのである。しかし、それは、おおいなる道の悟りが得られていないので、ほんとうの「仁」が見えていないからである。

おおいなる道とひとつになった感覚を得ていなければ、ほんとうの「仁」を知ることはできない。老子は見せかけだけではない、おおいなる道とひとつになった「仁」には、

「動きて、いよいよ出《い》ずる」

という特徴があるとしている。これは、生成化育ということである。どんなに非情のように見えても、そこに生成化育の働きがあれば、それはおおいなる道から出た「仁」であるとすることができるのである。

また、老子は、おおいなる道を「橐籥《たくやく》」で象徴している。「橐籥」とは、ふいごのことである。ふいごは、冶金に使われるもので、高温を得るために風を送る道具である。つまり、ここで老子が、「橐籥＝ふいご」としてシンボライズしているのは、呼吸（風）であり、変容（冶金）なのである。冶金と易理をして、内丹の奥義を記した古典には、後漢に魏伯陽の著した『周易参同契』がある。これは、たいへんに完成度の高い教典である。いうならば『周易参同契』は、八卦拳の古典ともいうべき書である。『老子』をそのままエクササイズとして表現しているのが、太極拳であるとすれば、『周易参同契』をエクササイズとしているのが、八卦拳ということになる。

さて、太極拳の呼吸については、「練法十要」には、第一に

「呼吸、自然たれ」

とある。そして、以下に九つの注意点をあげている。
1、むやみに力を使わない。
2、無心（虚の心）で気をめぐらせる。
3、猫の歩みのような静かな歩法を使う。
4、上下の動きが協調している。
5、途切れることなく動く。
6、腰を使って動作の変化を行う。
7、全身に気をめぐらせる。
8、虚実をあきらかにする。
9、まるい動きをする。
こうしたことを遵守して太極拳を練れば、呼吸は自ずから「自然」となるのである。呼吸が自然なものとなれば、その呼吸は、その人の心身に変容を促す。そして、その人をして、おおいなる道の悟りへと向かわせるのである。

第六章

玄牝《げんぴん》のことは、軽々に論じてはならない。
ただ、大切なことは、生死を知ること。
もし、天の機をつかむことができたなら、死へと向かう道を逆転できよう。
ここに生死を超えた、おおいなる道が存している。

生成の働き

老子は、ここで「谷神《こくしん》」や「玄牝」という語を出している。おそらく、これらは老子の時代に信仰されていた神々であろう。日本でも、谷神は「やとのかみ」として『風土記』に出てくる。「谷」は「やと」であるから、「やとのかみ」とは、まさに「谷神」そのものである。

ちなみに『常陸国風土記』では、「やとのかみ」を蛇神としている。太古に蛇を神とする信仰は、かなり普遍的にあったようであるから、あるいは老子の言う「谷神」も、太古の蛇神の系譜につらなる神であったのかもしれない。一方、「玄牝」は、女神であろう。大地母神のような存在であったのかもしれない。

「谷神は死せず。これを玄牝という。

玄牝の門、これを天地の根という」

玄牝が、大地母神であると考えると、大地母神は、豊穣神であるから、玄牝は生成の神であるということになる。老子が、谷神＝玄牝＝大地母神は死なないとしているのも、これが生成の神であるからであろう。おおいなる道とは、生成の働きを持つものであり、それは太古の神である「谷神」や「玄牝」と同じものなのである。

また老子は、おおいなる道を、

「緜緜《めんめん》（綿綿）として存するがごとし」

とも形容している。これは、途切れることなく存在が続いている状態である。こうした生成の連環を、老子は、おおいなる道そのもの、と考えていたのである。

太極拳のもとになった十三勢は、おおいなる道を体得する方法として、張三豊によって編み出された。十三勢は、また途切れることのない連関性を有していることから長拳とも称される。張三豊は言う。

「長拳は、長江や大海の如くして、滔々して絶えざるなり」

少林拳や空手の型は、ひとつひとつの攻防の形をつないだものである。これに対して太極拳は、ひとつの攻防が終わらんとして、終わることなく、次の動きへとつながっていく。これを張三豊は「貫《かん》串《かん》」という。ひとつひとつの動きを貫く「串」があるというのである。

個々のものを貫き、つないでいるもの。それこそが、おおいなる道である。太極拳を修して、おおいなる道を体得したとき、その人は生死を超えたものに触れることができる。それは、永遠に毀《こぼ》たれることのない生成の働きである。

第七章

聖人は、自分というものを持たない。
聖人は、いつもおおいなる道とひとつになっている。
天地と同じ永久《とこしえ》の存在である先天の気と
ひとつになっている。

捨己従人と合気

老子は、この章の冒頭で「天長地久」の語をあげている。これは「天は長く、地は久しい」であり、永遠に存在するものの象徴として、天地をあげているのである。ちなみに、この語は、今日では恋人たちが、永遠の愛を誓うときに使われることが多いようである。

それはともかく、老子は天地のどのようなようすを、永遠なるものとして見ていたのであろうか。

老子は、

「私無きをもってにあらずや」

と、述べている。天地には、「私」というものがない。それが、無為自然な状態なのであり、そうであるからこそ天地は永遠なる存在である、と老子は考えていたのであった。

さらに、老子は「私」がない、ということを、

「その身を後にする」
「その身を外にする」

として説明している。これは総じて、我が身を捨てるということである。「私」を捨てる、ということが、無為となることなのである。太極拳でいうところの「捨《しゃ》（舎）己従人《こじゅうじん》」の拳訣が、まさにこの「私」を捨てる、ということである。「捨己従人」には、「己を捨てて、人に従う」の意がある。

近世の太極拳中興の祖ともいうべき王宗岳は、

「（太極拳の）根本は『己を捨てて、人に従う』につきるのである。多くの人は、こうした簡単なことを顧みることなく、ほかになにか秘訣を求めようとする。これは、『少しの違いが、大きな誤りを招く』ということである。（太極拳を）学ぼうとする者は、『己を捨てて、人に従う』ことをけっして忘れてはならない」（現代語訳）

と、述べている。ここで注意しなければならないのは、「人に従う」といっても、なにも他人の言うことや、なすことに盲目的に従うのではない、ということである。「人に従う」とは、先ずは相手を受け入れる、ということなのである。これは、合気道でいう「合気」と同じである。いうならば、調和を保つ、ということである。闘争から「調和」へと導くことの第一歩が「人に従う」というところにあるのである。

たとえ闘争のなかであっても、自分と相手との「調和」が、つねに保たれるようになれば、自分と社会との「調和」も、失われることはない。

そうなれば、自分と国家との「調和」も保たれる。そして、自分と世界、自分と宇宙といったものとの「調和」も、確立されるのである。こうして、天地と一体となることが、おおいなる道と一体となる、ということなのである。

当然のことであるが、一定の形に執着したのでは、おおいなる「調和」を得ることはできない。あらゆる形に適応、変化できてこそ、どのような場面でも、完全なる「調和」を得ることが可能となるのである。

「己を捨てる」とは、自分の形を捨てることであり、状況に応じて、あらゆる適応、変化をすることなのである。これは、「合気」の本質であり、奥義でもある。太極拳は「粘」を重視するが、「粘」も相手とひとつになることであり、「合気」と同じである。

大東流などでは、「合気」は、手の合気から始めて、熟達をすれば肩や胸あるいは頭など、身体のいろいろな部位を使っても可能であるとする。また、一部では、こうした合気を「体の合気」と称してもいる。

一方で、植芝盛平の提唱したのは、「心の合気」であった。相手に触れる前から、「むすび」をとるのである。これを太極拳では「凌空勁《りょうくうけい》」という。体の合気から心の合気への変遷は、大東流のもつ形からの脱却の過程とみることもできよう。盛平は、形をなくしてしまわなければ、完全なる「合気」はできない、と考えたのであった。

ために合気道の形は、形ではなく気形であるというようにもなるのである。完全なる「合気」とは、完全なる「調和」である。盛平が到達したのも、まさにこの境地であった。完全なる「調和」は、おおいなる道の表れのひとつである。また、太極拳の言う太和の気の発現でもある。

第八章

大いなる道には、きまった形などは、ありはしない。
なにかきまった形があると思うのはまちがい。
きまった形がないから争うこともない。
そして、あらゆる善行は、ここに帰一する。

陰陽転換の「機」と水

老子は、この章で有名な「上善は水の如し」ということを述べている。「上善」とは、おおいなる善であり、これはすなわちおおいなる道のことである。おおいなる道は、あたかも水のようである、と老子は述べているわけである。

それでは「上善」とは、具体的にはどのような働きなのであろうか。老子は、「水は、よく万物を利して、しかも争わず」と、述べている。「万物を利（する）」とは、「生成」の働きにほかならない。つまり、「上善」とは、生成の働きのことなのである。その中でも、とくに「争わない」ことを老子は、強調している。「争わない」ことのひとつの象徴として「水」をあげているわけである。

私見によれば、これはたんに例として「水」をあげているというより、深い瞑想の中で老子が感得した善なるもののイメージとして「水」があったのではないか、と思っている。

鄭曼青も、太極拳は「陸地の水泳」であるとしていた。また、張三豊も、太極拳は滔々と流れる長江や大海の如くである、と述べている。実際に太極拳を練ってみると、確かに水の中で動いているような感覚がある。そして、その「水」の感覚は、次第に「圧力（水圧）」を増してくるのである。太極拳でゆっくり動くのは、こうした感覚があるからである。

一部に太極拳には「快練」と「慢練」があると説く人もいる。かつて、このことを、楊澄甫《ようちょうほ》の弟子で娘婿でもある傅鐘文《ふしょうぶん》に問うたところ、

「太極拳には『快練』や『慢練』といったものはない」

と言下に否定をされた。そのときは、よく分からなかったが、後になって太極拳を練る速さは、あくまで「中庸」をもってするのであって、他人が見て、相対的に速く拳を打つ人もいれば、遅い人もいる、ということにすぎないのであることを知った。

速さというのは、あくまで、そのときの心身の状態によってきまるものであり、それを意図的に速くしたり、遅くしたりするのは、好ましくないのである。ちなみに陳氏砲捶（一般に陳氏太極拳といわれる）は、最終的には速く動くことを目標としている。ゆっくりとした練習は、あくまでその前段階であるにすぎない。

また、水のイメージということでは、陰陽の転換の「機」が、まさにそれに近い。陰陽の転換の「機」は、流れる水のように、それを「何処」としてとらえることはできない。変転極まりのないものなの

である。

よく「陰が極まって陽へと転ずる」「陽が極まって陰へと転ずる」と説く人もいるが、これは太極拳の陰陽転換としては適切ではない。陰陽が極まってしまえば、純陰、純陽となって安定してしまう。これでは固定化が生じてしまう。

太極拳の双魚図（本文扉一三頁参照）の「魚の目」で示されているように、陰の中に一点の陽があり、陽の中に一点の陰を持つ。その中で陰陽を転ずるのが、太極拳なのである。そして、この一点の陰陽をどのように使うのかに、太極拳の繊細さがあるのであり、ここに妙もあるのである。

太極拳の套路とは、こうした陰陽の転換の「機」を知るためにある。套路において、陰陽転換の「機」を知ることができれば、天地宇宙における陰陽変転の「機」を知ることができる。おおいなる道も、そこにあるのは、ただ陰陽の転換にすぎない。おおいなる道には、なんらの価値判断もない。良いも、悪いもないのである。ただ生成、変化、変転の働きがあるだけなのである。

第九章

休みたければ、休めばよい。
おおいなる道の修行には、終わりもなければ、始まりもない。
必要のないものは、持たない。その勇気を持つこと。
持つことに執着しなければ、失うものなどなにもない。

「形」からの解放

「金玉も堂に満つれば、よくこれを守ることなし」

このように老子は述べている。いくら貴重な金や玉であっても、度を過ぎると、これを有効に使うことができなくなる、というのである。財宝があまりに多くなれば、それを盗られないようにするために、大きな労力を使わねばならなくなる。いかなる財宝も、それを持っているだけでは、価値がない。それを有効に使ってこそ、本当の価値が出てくるのである。

老子は、ひとつのきまった形に拘泥することを、とくに嫌っていた。よく老子（道家）と孔子（儒家）の違いとされるのが、形へのこだわりである。道家では、すでに見たように形へのこだわりを、よろしくないものと考える。一方、儒家は人が生きていくうえで、どのようなパフォーマンス（形＝

礼）を行えば最適であるのか、を考えた。

正しい行いとはなにか？　を考えたのであった。そして、正しいとされる行為を「礼」として提示した。「礼」の基本となったのは、古代の中国の一国であった周において行われていた儀礼であった。

一方、道家では、そうしたパフォーマンスの追究は無意味であるとする。おおいなる道を一定の形に限定することはできないからである。しかしそうなると、人が、おおいなる道がどのようなものかを知ったり、体得したりする術《すべ》がなかなか得にくいことにもなる。

こうしたこともあって、中国では儒家と道家が、ともに補い合って、適切なバランスを保ってきたのであった。儒家的な「形」に偏したときには、道家的な形のない世界観が加えられることで、「形」からの束縛、あるいは執着から解き放たれた。一方、「形」が求められるときには、儒教的な考え方をとって、それを得たのであった。こうしたバランス感覚は、中国人が長い歴史の中で自然に身につけてきたものである。

太極拳でも、楊家、呉家、武家などで、套路の基本的な流れは同じであるが、個々の動作においては相当な差異もみとめられる。これらの門派は、いずれも楊露禅の教えを受けて発展したものであるから、「もと」は同じである。

呉家や武家の太極拳の「形」が変わってしまったひとつの原因は、これらの太極拳が、楊露禅が教えていた実戦向きにアレンジを加えた「形」をベースにしているということもあるであろう。

北京へ出て、武術に興味のある富裕層や武官などに、楊露禅は拳を教えるのであるが、そのときには、すぐに攻防に使える用法架を、もっぱら教えていた。故郷でも、土地の有力者で、武術を好んでいた武禹襄には、用法架を教えた。

あるいは楊露禅が、始めから行功ともいわれる本来の太極拳を教えていたなら、現在のような太極拳の隆盛はなかったかもしれない。楊露禅の教えた太極拳は、当時の「現代風」にアレンジされた、いうならば「現代武道」であったのである。そうであるから、多くの人に受け入れられたのであった。行功は、武芸ではなく、道芸に属するものである。そうであるから一見して、とても武術とは思えない。現在でも、太極拳の武術的な有効性を疑う人は少なくないし、太極拳の「形」がそのままに攻防に使えるものでもない。

道芸としての太極拳は、たしかに武芸をベースとしている。攻防の動きの中から、おおいなる道の修練として、適切な「形」に改められたのが、道芸としての太極拳なのである。攻防の「形」であるが、そのままが攻防ではない。ここに「形」の呪縛から離れた道芸としての太極拳が生まれたのであった。

第十章

心が先天の気と、ひとつになれば、
おおいなる「一」を抱いて離すことがない。
生きることも、死ぬこともない。
為すことも、為さないこともない。
これが、玄徳である。
聖なる者のみが、よくこの徳を養うことができる。

玄徳を得る

この章で老子は、

「もっぱら気は、至柔たれ」

を、説いている。これは太極拳においては、もっとも重要とされる考え方でもある。それでは、気が至柔であるとは、どのような状態なのであろうか。老子は、これを、

「よく嬰児たらんか」

と、いう。まるで赤子の如くである、とするのである。それでは、老子の考える「嬰児」とは、ど

のような存在なのであろうか。神仙道では、この世である後天の世界に生まれ出て、もっとも後天的な影響の少ない状態が、「嬰児」であると考える。つまり、後天の世界にあって、もっとも先天の世界に近いのが、「嬰児」なのである。

つまり、おおいなる道、おおいなる「一」を抱いて離すことのないのが、「嬰児」なのである。こうした老子の提示した「嬰児」のイメージからすれば、太極拳の「柔」が、たんに力を抜くことではないことが分かる。それは、力を抜くといった、後天の世界のことが、主眼ではないのである。

先天の世界には、剛もなければ、柔もない。しかし、その中には剛もあれば柔も存している。これが先天の世界、無極の世界なのである。もちろん、その世界では生きることも、死ぬこともない。為すことも、為さないこともない。それと同時にあらゆるものが、未出現の状態で存している。

こうした先天の世界への認識を得ること、つまり先天の世界への覚醒を、老子は「玄覧《げんらん》」としている。「至柔」が得られれば、自ずから「玄覧」も得られるとするのである。老子は言う。

「滌徐《てきじょ》、玄覧すれば、よく疵《し》なからしめんか」

ここにある「滌徐」とは、浄化のことである。つまり、浄化がはたされて、霊的な覚醒である「玄覧」が開かれれば、あらゆる行為において誤ることがなくなる、というのである。こうした浄化のことを、太極拳では「鬆浄《しょうじょう》」という。「鬆」は「至柔」と同じで、よけいなテンションを持たないことである。太極拳の浄化は、よけいなテンションを持たない「至柔」になってはじめて可能となるのである。

つまり、「鬆浄」であれば、これは「至柔」であるし、また「滌徐」でもあるのである。そうであるから、太極拳を練っていれば、自ずから「玄覧」といった先天の世界への目覚めも生じてくることになるのである。

「玄覧」が得られたならば、物的なものへの執着から逃れることができるようになる。自分が養い、育てたものでも、それを失うことに、なんの未練も感じなくなるのである。老子は、こうした境地を、

「生じて有せず」

「為して恃《たの》まず」

「長じて宰《さい》せず」

として、述べている。自分が生み出したものでも、これを占有しようとはしない、自分が行ったことでもこれに執着しようとはしない、自分が育てたものでもそれを自由にしようとはしない、というのである。

このような境地は、後天の物的な世界だけにとらわれていたのでは、入ることができない。それらを超えたもののあることが、認識されなければならない。後天の物的な世界をのみを見れば、あらゆるものは、固定した存在であり、それぞれに価値を有しているとしか思えまい。

しかし、先天の世界から見れば、あらゆるものは、変移、変容をしているのである。今日あったものも、明日には失われているかもしれない。今日、価値のないものも、明日には千金の価値を持つようになるかもしれない。こうした中で、もっとも忌むべきは、変化する自然の流れに逆らうことである。自然の流れに逆らわなければ、自ずから必要なものは集まってくる。そして、必要のないものは、失われていく。こうした状態にある人を、玄徳のある人、と老子は呼んでいる。

第十一章

無の中には、有が含まれている。
すべての有の働きは、無に帰する。
空もまた、それにとらわれてはならない。
空にとらわれていては、ほんとうの空は悟れない。
無にとらわれていても、ほんとうの無は悟れない。

「有」と「無」で套路を練る

多くの神秘思想は、物的なものと、霊的なものを対峙させて、霊的なものの優位を説いているが、老子は必ずしもそうではない。当時において、すでに忘れられつつあった霊的なものの重要性を述べつつも、物的なものを軽視することがないのである。ために老子は、しばしば政治に言及する。この章でも、それは同じである。

「有、これをもって利となる。無、これをもって用となす」

これは「有」とは「利」をもたらす働きを持つもので、「無」とは「用」の働きを有するものであるということである。「有」が「利」をもたらすというのは、分かりやすい。金銭でも、それを得れば「利」となる。

それでは「無」の「用」とは、どのようなことなのであろうか。老子は、器や部屋の空間を、その例としてあげている。器は空いているところがあるからこそ、そこになにかを入れることができる。部屋は空いている空間があるからこそ、物や人が入って使うことができる。これを「無」の「用」とする。

これは、また「無」は「無」のみでは、なんの用を持つこともない、「有」も「有」のみでは、なんらの働きもしない、ということでもある。いくら「利」があっても、それを使わなければ、なんの意味もない。我々は「有」の「利」ばかりを見て、「無」の「用」を知らない、というのが、老子の説くところである。

それでは、武術においては、「無」の「用」は、どのように説かれるのであろうか。八卦拳では、身に三つの「空」を持たなければならないとする。つまり、掌心《しょうしん》が空であり、足心《そくしん》が空であり、心が空である、というのである。

心が空でなければならない、というのは、至静を得ていなければならない、ということである。心にとらわれがあると、心身の動きにも、滞りが生まれる。心の空は、はじめに得なければならないものであると同時に、最後まで深めなければならないことでもある。

掌心が空でなければならないというのは、掌の中心である労宮のあたりに窪みがなければならないということである。こうした掌の形状は、適度なリラックスと、適度な緊張が保たれているときに生まれる。掌心の空を実現するには、たんに掌の形を整えるだけでは完成しない。腕全体のリラックスと緊張、そして肩、上半身と、全身にわたるリラックスと緊張が、適度に保たれている必要があるのである。これは太極拳においても同様で、そうであるから、鄭曼青は、この掌の形をとくに重視して、わざわざ「美人掌」と名づけたのであった。

また、足心の空は、足の指が地面を軽くつかむ形になることをいうものである。こうなるには、気が沈まなければならない。沈身である。心身によけいな緊張がとれて、柔を得たならば、気が浮かなくなる。そうなれば、自ずから足心の空が、実現されるのである。これは、下へ沈む力が感じられることから沈墜勁といわれることもある。また、足の指で軽く地面をつかむので鶏足《けいそく》と称されたりもする。

心、足、掌の「空」をもって套路を練れば、その套路は攻防に使えるようになる。つまり、「用」が生まれるわけである。そして、こうして套路の動きが、自分の心身とひとつになれば、日常生活にも大きな利益をもたらす。これが「実＝套路」の「利」である。

もし、「無＝心、掌、足心の空」を考慮することなく、「有＝套路」ばかりを練っても、なんらの実利や効用の生まれてくることはないのである。有無を超えるとは、有無のふたつを否定するのではなく、それらをともに活かすことにあることを、老子は教えている。

第十二章

誤った思いを捨てて、おおいなる道とひとつになろう。

よけいなことはしないこと。

ただ道を悟ることだけを求めよ。

これには、なんの困難もありはしない。

ただ、こだわりを捨てて、素朴であればよい。

それだけ。

自分を知る

老子は言う。

あらゆる色、音、味は、人の心（視覚、聴覚、味覚）を狂わせる、と。

また、楽しい遊びや、得ることの難しい物も、人の心を正常ならしめない、と。

それは、楽しい遊びや得難い物が、人の心に執着を生じさせるからである。

我々は、よけいなものを得ようとし過ぎていると、老子は教えているのである。また、よけいなものを持たない方が、むだのない効率的な生活を送ることができる、というのも事実であろう。老子は、こうした合理的な考え方を、どうして多くの人はしないのか、あるいは気づかないのか、と問うのである。

これは、武術においても同じである。今日の社会において、「現代武道」が、「伝統武道（古武道）」に対して優位であるのは、現代社会において有用な技のみを稽古しているからに他ならない。老子にいわせれば、伝統武道はあまりによけいな技を稽古しているために、現代社会において有用な技のレベルを高めることが不十分になっている、ということになる。それは、あまりによけいな技が多いために、本当に有用な技がなにか、分からなくなっている、ということでもあろう。

そうであるから、老子は、

「彼を去《す》てて、これを取る」

と、言っているのである。鄭曼青が、百をこえる技の中から三十七の技を精選して、鄭子太極拳を編んだのも、老子と同じ視点に立っているからである。鄭曼青自身も、練習時間を十分にとれない現代人は、重要な技のみを練ればよい、と考えていた。

あまりに多い情報は、処理しきれない。そこで、ある部分は捨てて、ある部分は取る、といった取捨選択が、必要になってくる。このときに重要なことは、いかにしてエッセンスを選ぶか、である。鄭子太極拳が優れているのは、太極拳の原理に近い動きをのみ集めて、三十七の動きを編んだところにある。ただ「現代武道」の実用性は高いものの、やはり、武道の本道は「伝統武術」にあると考える人が多いのも事実である。それは、ほとんどの「現代武道」が、「伝統武道」のエッセンスを取り出し得ていないからである。ただ当面、使えるということで技を選んでいるからである。これではどうしても、深みに欠ける感じは否めなくなる。

太極拳では、二十四式や四十八式などが、「現代武道」として、広く練習されているが、いずれも深みにかけており、ほかの武道をある程度、練習した人たちからは、「このようなことをしてなんになるのか」と疑問を持たれることも少なくない。

練習をしている人たちも、二十四式を覚えたら、四十八式、そしてまた次へといったように、次々と套路を覚えていくことで一定の満足を得ようとしている。本来は、ひとつの套路を深めるのがよいのであるが、深さの追究にこたえられるだけの内容を、こうした套路は持っていない。他には、ゲーム（試合）的な方面へ興味が向く場合もあるようである。

老子は、こうした深みについて、

「聖人は、腹をなして、目をなさず」

と教える。これは、後代の神仙道でいう「回光返照《かいこうへんしょう》」のことである。「目」とは、外に向かうエネルギーの象徴である。一方、「腹」は内に向かうエネルギーを表す。老子は、聖人とは常に内へと向かうエネルギーの流れを有している存在である、としているわけである。「回光返照」とは、内省のことである。深い内省ができることにより、自分にとって本当に大事なものがなにかが見えてくる。正しい心の働き、感覚も育ってくるのである。

「腹を練る」とは、日本の古い武道では、よくいわれたことである。これは自分自身の心身を練る、ということである。こうすることで、自分にとってなにが必要なのか、が自ずから分かるようになるのである。自分を知る、ということは、修行の第一歩であり、到達点でもある。

第十三章

大いなる道にかたよりはない。

あらゆるものは、自分とひとつ。

ここにおいて、誰が害悪を我に与えられようか。

ここにおいて、誰が栄誉を我に与えられようか。

良くされても、それにとらわれない。

悪くされても、それにとらわれない。

こうなれば、おおいなる道とひとつになれる。

自分は天下にならぶもののない存在となる。

おおいなる調和・合太極

老子は、この章のはじめに、

「寵辱《ちょうじょく》は驚くがごとし」

と、述べている。「寵」とは「寵愛」するというのと同じで、相手からことさらに良くされることである。こうしたときに人は、喜びで心が動揺してしまうことであろう。一方、「恥辱」を受けたときにも、怒りや恥ずかしさで、心が動揺してしまうことであろう。心が動揺するということにおいては、良くされるのも、悪くされるのも変わりはない。

しかし、世の人は、良くされるのは好むが、悪くされるのは好まない。老子は、こうした差別的な見方は正しくない、とするのである。重要なことは「至静」の状態にあることであって、良いことであっても、悪いことであっても、ともに心の動揺をさそうようなことは、避けるべきである、というのである。

こうした前提において、老子は、大病も悪いことではない、と言っている。それは大病になれるのも、生きているからであるからである。病気で死んでしまえば、大病を患うこともできない。

老子は、「生きている」ということを、ひじょうに重視する。これを具体的に追究していったのが、神仙道であった。老子は、大病も、それが生きることの重要さ、体の大切さを教えてくれるものと考えるならば、たいへんに貴重なものである、と教えているのである。

こうした考え方のベースになっているのは、老子の宇宙観である。老子は、身体と社会（天下）をひとつのものと考えている。自分の体を正しい状態にしていれば、社会も正しい状態になると考えるのである。老子は言う。

「もって身を貴《た》っとぶに、天下となす者は、すなわち天下を寄すべし」

「もって身を愛するに、天下となす者は、すなわち天下を託すべし」

自分の体を、天下と同じく貴いものと考えるような人物には、天下を治めさせるべきである、とするのである。また、自分の体を、天下と同じように愛することのできる人物には、天下を預けるべきである、とするのである。

これは、閉じたシステムとみられがちな個々の身体が、じつは社会（天下）ときってもきれない関係を持っているということである。すなわち個々の人の身体は、開かれたシステムであることを認識せよ、と老子は教えているのである。すべての存在は、開かれたシステムであり、それらは、おおいなる調和のもとにある、これが、老子の考え方である。それぞれの存在を閉じたシステムと考えると、良いこと、悪いことの区別が生まれる。そうなると調和が乱れてしまう。老子は、すべては開かれたシステムであり、そのために、あらゆる存在は「一《ひとつ》」と考えるのである。

太極拳の修行とは、まさに開かれたシステムとしての自分の心身を、体験していくことである。太極拳のひとつひとつの技は、攻防の形からとっている。張三豊は、その拳論において途切れることのない技の連なりである「貫串」を、ひじょうに重視していた。これは、もともとは攻防の技として、個々が閉じたシステムであった技を、開かれたシステムとしたのが、太極拳であるためである。これにより、太極拳の途切れることのない動きが生まれたのである。

太極拳の技の数え方はいろいろあるが、伝統的には、百八とする。百八の攻防の形をひとつにするのが、「貫串」の秘訣である。そして、套路がひとつのものとなったならば、自分の内と外もひとつのものと感じられるようになる。これを象徴しているのが、太極拳の最後にある「合太極」である。このあらゆる存在（太極）とひとつになるという「合太極」こそが、老子のめざした境地であった。自己の心身が「合太極」という開かれたシステムであると自覚されてこそ、自己と天下をひとつのものとして捉えることができるようになるわけである。

そして、それはおおいなる道とひとつである自己存在を見いだすことでもあり、あらゆる存在とのおおいなる調和を知ることなのである。

第十四章

ほんとうに優れた知識を有する者は、
なにも知らない者のように見えるもの。
ほんとうに正しい見解を有する者は、
なにも意見を持っていないように見えるもの。
浅薄な知識や意見は、持たない方がよい。
人は、おおいなる道の虚を体験したときに、
ほんとうの知識や見解を得ることができる。

太極拳の起承転結

この章で老子は、瞑想について具体的なことを述べている。

『老子』には、意味のとれない箇所もいくつかあるが、全体に感じられるのは、深い瞑想の境地にあって出てきた神秘の教えである、ということである。神秘的な意識との出会いは、なかなか言語をもって説明することが難しい。

『易経』も同じである。『易経』も、易占の深い瞑想の境地から出た神秘の言葉を、そのまま採録し

ている。ために文意がとりにくいのである。実際の易占では、いくつかの手順を踏んでいるうちに、次第に深い瞑想の境地に入っていく。これは太極拳などでも、同じである。太極拳では起式から始めて、次第に意識は深い静の境地へと入っていく。そして套路の終わりで、合太極となる。形式としては、最後の合太極で、おおいなる道＝太極と合一することになっている。

老子は、自身の瞑想の境地を「夷《い》」「希《き》」「微《び》」として説いている。

「夷」とは、なにかを見ていたとしても、それにとらわれない境地である。

「希」とは、なにかを聞いていたとしても、それにとらわれない境地である。

「微」とは、とらえようとしても、とらえられない境地である。

老子は、おおいなる道の瞑想に入れば、視覚にとらわれることはない（夷）し、聴覚にもとらわれることがない（希）というのである。そして、こうした感覚以外においても、あらゆるとらわれから離れたものとなる（微）とするわけである。

多くの人は、ある種の神秘体験をしたなら、それへのとらわれが生まれてしまう。おおいなる道と合一したと感じられる神秘体験も、それに執着するようであれば、それは本当の意味での、おおいなる道の体験ではないのである。こうした危険性は、神秘的な行の実践においては、つねにつきまとう。そのためにも、日頃からとらわれのない心を養っておくことが大切なのである。

また、老子は、おおいなる道に触れた瞑想の境地を「恍惚」と表現している。太極拳では、ひとつの套路を、一日も欠かすことなく、何十年も練っている人が多くいる。こうした人たちは、太極拳を「酷愛」している、といわれる。なぜ、あきることなく、ひとつの套路を、何十年にもわたって練ることができるのか。それは、套路を打っていると、気持ちがよいからである。つまり、「恍惚」を感じるからである。

太極拳を打つ心地よさは、多くの人の語るところである。それは、おそらく太極拳が、おおいなる道に触れる行法として、ひじょうに優れたメソッドを有しているからであろう。とりわけ鄭子太極拳は、わずか三十七の動作であるが、ただひたすらに、これをのみ練る人がじつに多い。鄭子太極拳の優れている点は、百八ともいわれる伝統的な太極拳のすべての動作の流れのエッセンスを、もらすことなく有しているところにあるのであるが、これにより三分の一ほどの動きで、本来の太極拳の持つ深い境地に入ることができるようになったのである。

現代になってからは、短い太極拳の套路がいくつも考案されている。しかし、そのほとんどは、おおいなる道の境地に触れるところまで、意識を深めることができない。太極拳の長い套路には、いわばドラマがある。起があり、承があり、そして転となって、結を迎えるのである。鄭子以外のほとんどの新たに編まれた太極拳は、こうした起承転結を、うまく取り込めていない。ために、自ずから深い意識に導かれることがないのである。

百八の套路に出てくる起承転結の陰陽の変転は、それを変えることのできないほど、完成度の高いものとなっている。ために楊家から分かれた武家や呉家でも、基本的な套路の流れを変えることがなかったのである。これは変えなかったというより、変えられなかったというべきであろう。

正しい太極拳の法を得たならば、その人は、あらゆる束縛から自由になれる。おおいなる道と、ひとつになれるからである。そのためにも、正しい法を得るべく努力をしなければならない。

第十五章

深くて知ることのできないもの。
それを「玄徳」という。
深くて、とらえどころのないもの。
それが「玄」である。
「玄」がなにかの働きを持つと、
思ってはならない。

見えない勁《はたらき》

いまだ文明なるものの開けていなかった太古には、人びとは、おおいなる道と一体となって暮らしていた。そうした人たちのことは、とても後代の人の理解の及ぶものではない、と老子は言う。たしかに埴輪や飛鳥仏の持つおおらかさや素樸さは、現代にあって、すでにいろいろな技術を習得してしまった芸術家が、それを再現することはできない。いくら技術を捨てようとしても、捨てきれないのである。

甲骨文字などもそうで、近代以降、甲骨文字の研究がさかんになされるようになり、書道でも甲骨文字を書く人がいる。しかし、近現代の人では、どうしても太古の時代の字の持つ純朴さを表すことはできない。

それは、なぜか。我々が、すでに多くのことを知ってしまっているからである。いくら技術や技巧をもって、まねようとしても、太古の人々の持つおおらかさや素樸な味わいをうつすことはできないのである。老子は、

「道を保つ者は、みつるを欲せず」

と、している。なにかを極めようとすることで、おおいなる道とひとつになることはできない、というのである。「みつる」とあるのは、知識でも、技巧でも、極限まで極めることである。あることを極めたはてに、究極の境地に入って、道とひとつになれるように思う人が多いかもしれないが、それはまちがいなのである。

太古、あるいは古代の人たちは、いまだ技術、技巧のない世界に生きていた。つまり文明が開けた後代よりも、はるかに先天の世界に近いところにいたのである。そのために先天の世界である自然そのままの魅力を引き出すことができたのであった。

「それ、ただみたさず。故によく蔽《やぶ》れて、新たになる」

老子は、おおいなる道とひとつになろうとするのであれば、それを求めてはならない、と教える。求めなければ、求め極めるというシステムは破綻して、別のシステムが、新たに始動しはじめる、というのである。これが、「よく蔽れて、新たになる」である。こうなるのは、おおいなる道からはずれている、求めたり極めたりというシステムが、本来の我々の持っているシステムではないからであ

る。よけいなシステムを働かせなければ、本来のシステムは、自ずから働きだすのである。求め、極めるというシステムが得ようとするのは、究極の一点である。つまり、それは固定化のシステムなのである。おおいなる道が、「おおいなる道」として固定してしまったのでは、すでにそれは、おおいなる道ではなくなってしまう。つねに生成を繰り返しているのが、おおいなる道なのである。おおいなる道は、つねに変化をしているから、捉えどころがない、といわれるのである。

　武術の稽古でも、なんども形を繰り返すことで、個々の技に習熟しようとするのは、固定化の道である。しかし、太極拳では、そうした方法は採らない。太極拳でも、套路を繰り返して練習をするのは同じであるが、それは個々の技を、自らの心身に固定させるのではなく、繰り返して套路を練ることで、技のひとつひとつを消してしまうためである。これは、いうならば技の流動化である。鄭子であれば、三十七の動作は、すべ溶けて流れてしまい、最後にはひとつのものとなるのである。

　こうした境地に入れば、日常のいろいろな動作も、良い悪い、好き嫌いを超えてひとつのものとなる。これが太極との合一、「合太極」である。

　老子は、よけいなことをしないことで、はじめて働きが出てくることの説明に濁った水をあげている。

「たれかよく濁れるをもって止《と》めんや。これを静かにして、徐《おもむろ》に清《す》まさん」

つまり、濁っている水をきれいにするには、なにかを行うのではなく、なにもしなければよい、というわけである。なにもしないでいれば、だんだんと水の濁りは消えていく、というのである。なにもしないからこそ、次に生ずる働きの発生を促すことができる。これが無為自然である。無為自然は、また「無為自然にして、為さざるなし」ともいわれる。意図的なことはなにもしないけれど、必要なことはすべて為されているということである。よけいなことをするので、本当に必要なことができなくなるのである。濁った水をいつまでもかき回すような愚行を、我々はつねにしてしまっているのである。

太極拳では「粘」を重視する。およそ、これを欠いては、太極拳の攻防は成り立たない。また、「粘」は、合気道でいうところの「合気」と同じである。これらは、一般的には「相手に付いて離れないこと」と、解されている。それは、そうなのであるが、「粘」の根底にあるのが、無為自然であることを、忘れてはならない。

古い太極拳を、現代の太極拳の形に編纂した王宗岳は、

「相手が動かなければ、こちらも動かない。相手が少しでも動き始めるならば、こちらはそれよりも、先に動いている」

と、太極拳の攻防の要訣を述べている。これは、まさにむだな動きをしない、ということである。相手が動かなければ、こちらは動く必要はない。しかし、相手が動くならば、こちらはそれに先んじて動くのである。

こうした動きは、相手の動きを知ろうと構えていたのではできない。なにも考えないで、ただ相手の動きを感じようとする。つまり、無為でなければ、そうした反応をすることは不可能なのである。

かつては、陳家砲捶（陳家太極拳）には発勁の動作があるので、楊家の太極拳よりも実戦的である、といった稚拙な考え方もみられたが、楊家の套路で勁を発する動作がないのは、相手がいないからで

ある。太極拳では、相手がいれば、どのような体勢でも、勁を発することができる。

太極拳において発勁は、未発のかたちで内包されているものであることを知らなければならない。これは一人で行う套路の動作の中に、勁を発する動きを含む陳家の拳との決定的な違いである。必要なときに、むだなく、必要な動きをする。これが無為であり、自然な動きなのである。相手もいないのに、やたらと勁を発しても意味がない。これは陳家砲捶が、通常の武術と同じく先天の世界、無為自然の世界を視野に入れていないからである。

無為自然を知るには、無為自然を視野に入れた動きを練らなければならない。それには、よけいなことをしない、ということが大切である。そして、必要なことは、充分に行えるようでなくてはならない。これが、勁＝働きを内包させる太極拳の考え方なのである。「玄」とは、「くらい」ということである。くらくて見えないということである。つまり「内包」されて、外からは見えないということなのである。

第十六章

心を治めて、本当の自分を知る。
腎を養って、本来の活力を得る。
心を治めれば、腎が整えられる。
腎が養われれば、心は治められる。
心と腎をともに修するところに
「妙」がある。

心身のバランス

「至静」は、太極拳や八卦拳で、もっとも重視されている。この一端を体得して、はじめて本当の意味で太極拳や八卦拳の修行の第一歩が踏み出せた、といえるのである。

老子は、虚を体得できれば、静を得ることができる、と教えている。そして、静を得るとは、生成の根源に復することであるとする。

「根に帰るを静といい、これを命に復するという」

老子は、ここで大変に重要なことを述べている。それは、心と体とのバランスである。太極拳も、心と体の均衡状態を、ひじょうに重視する。陳微明の『太極拳答問』では、静坐（瞑想）と太極拳の修行について、両者に変わりはないとしながらも、静坐の修行はなかなか難しいとする。それは、ただ坐るだけの静坐は、心身のバランスをとるのが、容易ではないからである。

ヨーガでも、ラージャ・ヨーガなどは、「心」の修行のみに偏重していた。しかし、のちに出たハタ・ヨーガでは、「体」を修するエクササイズが加わった。こうした流れが生まれたのは、心身のバランスをとらなければ、実際的に心の境地においても、深いところに入っていけないからであろう。

ちなみに近代になって、欧米から世界に紹介された「ヨガ（英語表記になって、のばす音が落ちてしまう）」は、ハタ・ヨーガの「体」の修行法を行うのみであった。ために、ヨーガというとストレッチのような体操と思っている人が少なくない。

老子の言う「根」とは、体の修行のことである。つまり老子は、肉体の修養を、かなり重視していたのである。十三章でも、老子は肉体を大切にすることの重要性を説いていた。こうした肉体重視の養生的な思想は、老子の一貫して主張しているところのものなのである。

肉体の修養において「静」を得ることで、心身はすべからく整う、これが老子の考えである。心が整わなければ、肉体も適切な状態にならない。これは、太極拳の行おうとしていることと、まさに全く同じである。

さらに老子は、心身の適切なバランスを得ることは「常」である、とする。そして、「常」を知ることを「明」であると言っている。

「常」とは、「いつも」であり、「普通」ということでもある。心身の適切なバランスが保たれている状態は、なにも特別な状態なのではなく、普通の状態であると老子は言っているわけである。また、おおいなる道も、それが分かってしまえば、どこにでもその働きを見ることができる「普通」のものなのである。

これが分かれば「明」が得られる。「明」とは、先天の世界への眼が開かれる、ということである。どの神秘学でも、普遍的に求められるのが、この「明」なのである。もし、「明」を求めることなく、一般的な知識でよいのであれば、なにも「神秘」である必要はなくなる。

錬金術でいう賢者の石も、これと同じ先天の世界への「明」を得ることの象徴とみてよかろう。錬金術は、卑金属から貴金属を得ることとされている。これは、錬金術が変容の秘密を知るための学問であることを示しているのである。つまり、錬金術でもっとも重要とされる賢者の石とは、後天（卑金属）から先天（貴金属）への変容、変化を知ることにあったのである。

老子は、変容を知ることについて、次のように記している。

「常を知らざれば、妄作《もうさく》して凶なり、常を知れば容《よう》なり」

つまり、変容の明知である「常」を悟ることができなければ、往々にしてまちがいをおかしてしまう。しかし、「常」を知れば、あらゆるものを受け入れる（容）ことができる、一体となることができるというのである。

太極拳において練られるのは「常」たる「自然な動き」なのである。我々は往々にして「常」を失っている。それを取りもどすのである。こうして「常」を得れば、自らすべてのものとひとつになれる「容」

が得られるのである。これが、森羅万象とひとつになる合太極の境地である。こうして老子の思想と比べてみると、太極拳は、たんなる攻防としての武芸ではなく、それをはるかに超えた修行法であることが分かる。

第十七章

無為の道は、有為を基とする。
ほんとうの悟りを得たものには、
これが分かるであろう。
しかし、おおいなる道を知らない人は、
疑って信ずることがない。

修行の階梯

あるとき、李能然《りのうぜん》は、心意拳の達人として著名な戴龍邦《たいりゅうほう》のもとを訪れた。しかし、その立ち居振る舞いが、あまりに優雅であったので、

「はたして、武術がどのくらいできるのか」

と、武術家としての実力に疑問を感じて、弟子入りすることを止めたと伝えられている（孫禄堂『拳意述真』）。これは、心意拳が、武芸というよりは、心身の修養としての道芸に近いものであったからである。李能然は、しかし戴龍邦には「なにかがある」と思って、弟子入りを願って、のちには天下の名拳である形意拳を創始するのである。

心意拳は、通常の武芸のように「闘争」を主とするのでなくて、「和合」「協調」を基本とする拳であった。そうであったからこそ、戴龍邦の立ち居振る舞いも、優雅なものであったのである。民国の時代になって、全国的な武術のオープン・トーナメントが、各地で開かれるようになると、形意拳はきまって上位に入選するようになった。形意拳は、道芸ではあるが、攻防においても、けっして武芸にひけをとるものではなかったのである。

老子は、おおいなる道とひとつになった人が、どのように見えるかを述べている。もっとも深いレベルに達した人は、「これ有るを知るのみ」とする。なんら特別な才能を持っているようには見えない、ただの普通の人のように見える、というのである。

武術に長じている人の近くにいると、つねに攻撃の機会をうかがっているような雰囲気がある。本人は、とくに意図しているのではないであろうが、自然とそのような心身の使い方ができてしまっているのである。

しかし、道芸に通じた武術家は、卓越した攻防の能力があったとしても、その「才」が外に出ることがないのである。これは、道芸を修した武術家の能力は、後天的なものではなく、その人が本来持っていた先天の能力そのものであるからである。そうであるから、なにもできない嬰児の如くに、その有する能力が顕在化して見えないのである。

これに次ぐレベルは、「親しみてこれを誉む」とある。才能をたたえられるというわけである。中国では「大隠《たいいん》は市井に隠れる」という。山の中で暮らしたりして、いかにも「仙人」というような人物は、まだまだ「仙人」としては、低いレベルにあるというのである。仙人らしからぬ俗人のような人物の中に本当の仙人がいる、というのである。

しかし、いまだそのレベルに達していないと、能力のあるのが見えてしまう。見えてしまうが、おおいなる道である調和の道にかなり近づいているので、親しみを持たれたり、誉められたりするだけで、ねたまれたり、疎まれたりすることがないのである。これは、その人の徳ということができよう。

さらにレベルが下がると、「これを畏《おそ》る」ということになる。畏怖される対象となる、ということである。ここには、すでに「対立」が生まれている。おおいなる道からは、かけ離れてしまっているといわねばなるまい。ただ、このレベルが、世間ではもっとも評価されるのではなかろうか。

能力が、もっとも見えやすいからである。また、このレベルが、もっとも自己の能力におぼれて失敗をしやすい。ねたまれたり、そねまれたりして、陥れようと考える人も、近くにできてしまうことであろう。こうした人は、徳のない人である。

老子が、最後にあげているのは、「これを侮《あなど》る」である。軽んじられる、ということである。老子は、実生活でなにかを達成することを、重視している。世間的な成功を得ることも、おおいなる道とひとつになった証として、大切なこととしているのである。社会的な成功は重要であるが、それと同時に、そうしたものにとらわれないことは、さらに重要である、と教えている。

老子は、実生活で成功をおさめる能力も、おおいなる道から得られるものと考えていた。もちろん、「成功」の形はそれぞれである。大きな組織を作り上げるのも「成功」であるし、ただ円満な家庭を築きあげるのも「成功」である。あるいは英語などを一定のレベルで習得できた、というのも「成功」である。

老子の考える社会的な「成功」とは、自分がなすべきことをなしとげることにある。一般的な価値観で考えられるような優劣は、そこにはまったくない。老子は、おおいなる道とひとつになって生きていれば、生活が破綻するようなことはけっしてない、と教えているのである。

老子は、最後に述べている。

「功なり事とげて、百姓《ひゃくせい》皆、我を自然という」

大きな成功をおさめた人でも、高い能力を得た人でも、その人が、おおいなる道とひとつになっていれば、ほかの人は自分のことを、自然の境地にある、つまり特別な存在とは思わないであろう、というのである。

太極拳を修行していて、相手から侮られるようでは仕方がない。また、相手から恐れられるようでは、まだまだ修行が充分ではない。誉められるようになれば、そこそこと言えよう。しかし、いまだ道は、遠いと考えなければなるまい。太極拳を修行しても、なにもしていないように思われるようになれば、その人は一応の成就を得たと言える。そして、こうなれば「敵」が生まれることもない。おおいなる調和の中で生きていくことができるようになるのである。

第十八章

高官となって、国に使えるのも、
たいしたことではない。
無為、淡白で気楽にしているのが一番いい。
どのような地位も、必ず失われてしまうもの。
ただ、悠久の時間にあっては、
執するほどのものではない。

執着を捨てる

この章では有名な「大道すたれて仁義あり」の一節が記されている。世の中に、おおいなる道を実践する人が少なくなれば、かえって仁や義などということが、ことさらに言われるようになる、ということである。ほんとうに、おおいなる道が行われていれば、仁や義であるとか、孝や慈などといったことを、とくに言う必要はない。それらは、ごくあたりまえのこととして、皆が実践しているからである。

太極拳なども、おおいなる道が行われているならば、わざわざ太極拳などを練る必要はないのである。しかし、すでにおおいなる道が、どのようなものであるのか、分からなくなってしまった現在においては、こうした修練方法が、欠くことのできないものとなっている。

そうであるから、おおいなる道の悟りを得たならば、太極拳云々といったこだわりは、捨てられなければならない。ここでまちがえてはならないのは、ことさらに太極拳を捨てることが求められているのではない、ということである。太極拳の修練を通して、おおいなる道の悟りを得たならば、太極拳はすでに、その人の血肉となっている。離れようとしても、離れることのできないものとなっているのである。そうしたものを、無理に捨てようとするのも好ましくない。これも、ひとつの執着になってしまう。

八卦拳の宮宝斉先師は、小さいころから八卦拳を修しており、それ以外の拳を学ぶことはなかった。そして、百歳をこえるほどの長寿を得た。先師が亡くなったのは、「生を終えるときがきた」と、自覚したためという。生にも、死にも、執着を持つことのなかった先師は、八卦拳を通して、おおいなる道の悟りを得ていたのである。

先師は、弟子や学生が、たとえば、

「羅漢拳《らかんけん》の悪虎搗心《あっことうしん》は、これで正しいですか」

と、きいても、

「それは、どうであったかな」

と、答えるばかりであったらしい。質問をしても、まったく套路を思い出せなかったという。しかし、起式から始めると、一套の動きを、迷うことなく行うことができたのであった。こうした状態は、套路の執着から逃れていることの、ひとつの例として考えることができよう。

　套路を、始めの動き、そして次の動き、次の動きと、個々に覚えているのではなく、ひとつの套路をそのままに、まるごとひとつとして、自分の中に取り込んでしまっているのである。こうなると、「突いてくるのを、こうさばく」、などといった個々の動きへの執着が消えてしまう。また、こうした境地を得ることで、攻防の方法である武芸をこえた道芸の自在の境地が得られるのである。

　おおいなる道の悟りとは、個々へのこだわりを無くすことにある。仁や義は、大切なことではあるけれど、それに執してしまっては、ほんとうのおおいなる道が見えなくなってしまう。

　現代になって中国武術の一部では、太極拳、形意拳、八卦掌の三拳を、ともに習う風潮が生まれた。これは、形意拳家の孫禄堂あたりから始まったものである。孫禄堂は、形意拳のほかに八卦掌や太極拳を習っており、のちに独自の武術体系を構築した。

　孫禄堂の伝えた太極拳、形意拳、八卦掌は、現在では「孫家拳」などといわれることもある。それは、孫禄堂の伝えた太極拳や形意拳、八卦掌が、いずれも、その特色を失ってしまっているからである。孫家拳が、優れた武術であるのかどうかは分からないが、孫家拳は、伝統的な太極拳でもないし、形意拳でも、八卦掌でもない。

　孫禄堂が、異なる三つの拳をひとつのものとして修練するシステムを考えた背景には、「虚」のレベルで見れば、形意拳も八卦拳も太極拳も同じである、とする考えがあった。これが、孫禄堂の出した、套路を超える方法である。

　先天の世界である「虚」のレベルで見れば、形意拳も八卦拳も太極拳も、個々の姿はなくなってしまう。しかし、孫禄堂が生み出したのは、太極拳でもない、形意拳でもない、八卦掌でもない、第三の武術としての孫家拳であった。ただ、別のものが生まれただけになってしまったのである。

ただ、従来の套路を否定するだけでは、套路への執着を捨てることにはならない、ということである。

これは王向斎の創始した大成拳でも同じで、形意拳の修練をしていた王向斎は、形意拳の套路を捨てて、樁功《とうこう》というただ立つだけの形と、いくつかの動きの形を行うことで、伝統的な套路の束縛から逃れようとしたのであるが、けっきょくは形意拳の套路を分解して個々に練習するにすぎないことになってしまった。ために現在では、形意拳をそのままに練習している人もいるようである。

捨てようとする執着が強すぎても、捨てられない。おおいなる道の修行において捨てられるべきは、執着なのである。持とうとする執着、捨てようとする執着、これらがともに捨てられるときに、中道としてのおおいなる道が見えてくるのである。

第十九章

賢く、巧みであるより、
愚かなくらいが、ちょうどよい。
自分も、他人も、たいしたものではありはしない。
老子を乗せて関谷関《かんこくかん》を通り過ぎた牛ほども、
おおいなる道のことは、分かってはいない。
おおいなる道である虚の中には、
ほんとうにすばらしいものがある。

素樸であること

老子は、人々が「聖」「智」「仁」「義」「巧」「利」を捨てたならば、この世は、ほんとうに住み良くなるという。こうした「あるべき姿」にとらわれることが、良くないとするのが、老子の考えである。老子は言う。

「素を見て、樸《はく》を抱く。
私を少《か》きて、欲を寡《すくな》くす」

ここに「素を見て」とあるのは、ものごとの本質を見て、ということである。虚飾の捨てられたシンプルな本質を知ることが、大切なのである。そうした見方をしていれば、「樸＝シンプル」な生き方ができるようになる。

また、自分というものにとらわれることがなければ、よけいな欲望のとりこになることもない。ここで老子が述べているのは、シンプルに世界を見る「素を見る」という外的なことと、シンプルな自分でいる「私を少《か》く」という内的なことである。こうした内と外とにシンプルな状態を整えることができたならば、日常の生活も万事うまくいくようになるのである。

老子が、述べている「聖」「智」「仁」「義」「巧」「利」は、見せかけの「聖」であり、見せかけの「智」や「仁」「義」「巧」「利」であることはいうまでもあるまい。おおいなる道の悟りに達していない人には、本当の「聖」なるものが、どういったものか分からないし、本当の「智」を知ることもない。ために見せかけの「聖」「智」「仁」「義」「巧」「利」を、なにか尊いもののように思ってしまうのである。

老子は、こうした枝葉にこだわるのではなく、おおいなる道の本質である「素」や「樸」、そして「少」や「寡《か》」といった視点から物事をとらえることが重要であるとしている。自然界のいろいろなことが、原理や公式に還元されるように、老子の言う「素」や「樸」「少」「寡」は、いつに本質を見ること、合理的な本質を知ることの大切さを教えているのである。

中国武術には、八卦掌いう独特の武術がある。八卦「掌」という名称も独特で、一般の中国武術が、蟷螂《とうろう》「拳」や形意「拳」というのと異なり「掌」が使われている。八卦掌について現在では、少なからざる情報もあり、その実態について知られるようになってきたが、かつては「神秘の武術」などといわれたりした時期もあった。

いわく、「攻防は拳を使わず、掌のみで戦う」「ひたすら円周の上を歩くのが、練習のすべてである」など、およそ通常の武術の常識では考えられないことが、喧伝されていたのである。

こうしたものに興味を持った人たちは、「掌のみで戦う」といったところに、なんらかの攻防の秘密（智、巧、利）のあるのを夢想したのかもしれない。これを知りさえすれば、苦労して修練をつまなくても、高いレベルの攻防の技術を得られると考えたのかもしれない。そして、ひたすら円周の上を歩く練習方法を特殊なもの（聖）と思ったのであろう。

わたしも、始めはそのように考えていたが、攻防において掌しか使えない、というのはいかにも不自然であるし、ひたすら円周上を歩く練習方法に、なんの意味があるのか、理解できなかった。ある指導者は、

「ただひたすら歩いていなさい。その意味するところは、自然に分かってくる」

などと教えていたようである。しかし、今になって思うと、これは教える方も、本当の意味が分からなかったためであったのではないかと思われる。本当に円周上を歩く練習の意味が分かっていれば、簡単に説明のできることであるからである。

のちに、わたしは八卦拳（八卦掌は、羅漢拳や八卦掌、両儀之術などを有する八卦拳の一部）に触れて、円周上を歩く練習は、入身の歩法の練習であることが分かった。入身の歩法は、どの武術でも、連環歩や七星歩などとして、普遍的にみられるものである。合気道の「あじろの歩」も、入身の歩法である。

八卦掌の円周上を歩く練習は、一見して特異ではあるが、これを入身の歩法の鍛錬と考えれば、どの武術でも、普通に練習されていることにすぎない。「素」であり、「樸」であることなのである。このように本質を知れば、八卦掌も、なんらの神秘の武術ではなくなってしまう。しかし、それが真実なのであり、これはおおいなる道においても同じことなのである。

第二十章

おおいなる道を知らないで、どうして愚かでないといえようか。

おおいなる道を知らないで、どうして賢いといえようか。

おおいなる道に触れた自分は、もう今までの自分ではない。

なにに生かされているのかを、知らなかった自分ではない。

生成の根源であるおおいなる道に、自分は生かされているのである。

静を得る

老子は、世の多くの人は、要領よく生きているが、自分はそうした生き方はできない、という。

「我ひとり、鄙《いやし》きに似て、かたくななり」

自分一人は、卑しい存在であるかのように思われても、それを止めようとは思わない、としているのである。どうして老子は、世の一般の人たちが、軽んずるような生き方をよしとするのか。

「我はひとり、人に異なりて、食母を貴《たっ》とぶ」

自分は、他の人と違って、「食母」を重要と考えているので、あえてほかの人から見れば卑しいような生き方をしている、というのである。

「食母」とは、生きるための糧を与えてくれる存在の象徴である。これは太古の大地母神的なものと重なるイメージであり、老子の言う「玄牝《げんぴん》」と同じものと思われる。つまり、「食母」とは、おおいなる道のことであり、生成の根源の力のことと解することができるのである。

生成の根源の力のことを、太極拳では「先天真陽の気」という。先天真陽の気が開かれない太極拳では、まったく太極拳として意味がない。先天真陽の気が開かれることで、「至柔」の境地が得られる。また先天真陽の気を開くには、「至静」を得なければならない。

「至静」を得ることで、根源的な力を開こうとしたのが、王向斉の大成拳であった。王向斉は、椿《とう》功《こう》という一定の姿勢を保ったままの状態を、数十分もたもつことで、根源的な力が開かれると考えたのであった。

一定の姿勢を長い時間たもつ練習法は、形意拳にもともとあったものであり、孫禄堂《そんろくどう》なども、三才式という半身の構えで、一定時間たつことを重視していた。王向斉の椿功は、少林拳などを参考にして作られたようであるが、その拳のベースに形意拳的な考え方があるのは否めないことであろう。

形意拳では、半身の構えである三体式を、あらゆる動きの根本とする。そうであるから、どのような場合においても、この姿勢を保つことが大切と考えるのである。ために、三体式のままで、一定の時間立つことが重要とされているのである。

現在の中国武術界では、一定時間立つこと（椿功）を重要視する人が少なくない。ただ、こうした流れは、王向斉や孫禄堂によって作られたものなのである。三十分や一時間といった長い時間の椿功を、きわめて重要なものと考えることは、もともとは形意拳という特色のある一門から派生したのである。

中国武術の他の門派では、樁功は基本姿勢を練るものにすぎなかった。基本姿勢を練るのであるから重要ではあるが、長い時間これを行うことは、必ずしも求められなかったのである。

八卦拳などでは、一定の基礎ができたならば、樁功よりも、円周の上を歩いて鍛錬をする走圏の方が重要と考えられている。太極拳でも、ひたすら套路を練ることが重要なのであって、ことさらに樁功を練ることはしない。

「至静」とは、動かないことではない。意識が、一定の深いレベルに入ることなのである。意識の深いレベルに入って、生成の根源とひとつになる体験を得ることなのである。そうであるから、一定の姿勢を長く保っているからといって、「至静」に入れるとは限らない。

陰陽の視点からすれば、むしろ動いた方が、心は静を得やすいこととなる。つまり、身が動であれば、心は静となり、身が静であれば、心が動となるからである。これは「内静外動」「外動内静」ともいわれている。

第二十一章

呼吸（肺）が開いて、腎が整う。

ここに、おおいなる道を感得する瞑想の一歩が始まる。

腎が整えば、心も整う。

小宇宙としての自己が、完成する。

おおいなる楽しみを知る

この章で老子は、自己がどのような状態で瞑想に入っているのか、を説明する。

「恍《こう》たり。惚《こつ》たり。その中に象《しょう》あり」

「惚たり。恍たり。その中に物《ぶつ》あり」

「窈《よう》たり。冥《めい》たり。その中に精《せい》あり」

老子の瞑想は、ひとことで言うなら「恍惚」の境地に遊ぶものとすることができよう。これは、なにも老子に限ったことではなく、世界各地の神秘学の文献で瞑想が語られるときには、だいたいにおいて「恍惚」境にあって、神と一体となったり、あるいは宇宙または、おおいなる道や天などといった究極的な存在のあることを悟ったなどとされている。

密教やヨーガなどでは、「恍惚」境のことを「大楽」と称したりもする。この境地にいたれば、無上の喜びが得られるので、物的なものへの執着も薄れてしまう、とされているのである。また、インドなどでは、こうした無上の喜びが、性的なものに例えられることもあり、ためにタントラなどは、おおいに誤解されてきた。

現在、タントラとされるテキストの中には、正しいものもあるが、まちがった内容や偏った表現をしているテキストも少なくない。たとえ内容が正しくても、タントラ文献に見られる特異な表現は、本来は奥義の伝授を許された一部の者のみが見ることをができたにすぎないのである。奥義のテキストは、すでに誤解するおそれのないほど、正しく伝承を理解している者にしか、見ることが許されないものであったのである。また、正しい伝承を受けていない者に盗み見られたりしたときに備えて、あえて誤解するような表現がとられていることもあろう。「体験」の共有がなければ、タントラばかりではなく、あらゆる神秘学のテキストは、正しく理解することはできないのである。

老子は「恍惚」とした瞑想の中にあって、「象」を見たという。「物」を見たとする。「精」があるという。「象」「物」「精」は、いうまでもないことであるが、すべて同じものである。「象」とあるのは、シンボルである。おおいなる道のシンボルを見る、ということである。おおいなる道は、それそのものをとらえることは、我々にはできない。それはわずかに抽象的なシンボル（象）であったり、具象的なシンボル（物）であったり、音や光といった「精＝エネルギー」としてとらえられるのにすぎないのである。

太極拳なども、おおいなる道のひとつの「象」であり「物」であり「精」でもある。これは太極拳では「法」「形」「功」とされていることでもある。または武理、武術、武功とも称される。こうしたものがひとつになって、おおいなる道の修練としての太極拳があるのである。太極拳の套路は、攻防の動きから派生しているのであるが、攻防の形そのままではない。それは、攻防の中にある、ひとつの究極的なイメージを表現しようとしているのである。

合気道の植芝盛平は、晩年には合気道の形は、「気形」であると考えるようになった。これは、合気道における動きの形は、攻防を超えたものであるからである。つまり、「合気」という森羅万象の根元の働きをシンボライズしたのが、合気道の形である、ということなのである。ただ、植芝盛平は、合気道の形そのものは、攻防の手順を示した大東流のそれを大きく変えることまではできなかった。ために、教えられる方も、なかなか攻防の呪縛から逃れることが難しかったようである。

合気道における「攻防の象徴化」とは、攻防の究極にあるのは、対立ではなく和合である、とする植芝盛平の悟りであった。攻防は、対立の極みである。しかし、攻防を行おうとするならば、相手と無関係でいることはできない。つまり、攻防を反対の立場からみれば、ここに、触れ合いのあることが分かるのであり、ここに、おおいなる和合を見いだすことが可能であったのである。「攻防の中における和合の道」これを具体的に示したのが、合気道や太極拳や八卦拳、形意拳などの道芸といわれるエクササイズであった。

おおいなる道とひとつになったとき、我々は真の意味の「恍惚」境に入れるのである。それは、おおいなる楽しみの境地でもある。こうした境地に入るには、「象」「物」「精」のどれに捉われてもいけない。太極拳でいえば、理論である武理にばかり捉われてもいけないし、攻防の方法である武技ばかりでもよろしくない。また、心身の能力をたかめる武功ばかりに気持ちが偏するのも好ましくない。武理、武技、武功を適切なバランスで修するのがよいのである。

第二十二章

これまで何年、ほんとうの自分を忘れていたことであろうか。
おおいなる道に帰ることを悟ったいま、
小さな自分へのこだわりは捨てられる。
すべては、そこにある。
すべては、それにつきる。
ただ、おおいなる道と、ひとつになればよい。

「曲」の中に「直」を求める

老子は、この章では太極拳の「曲中求直《きょくちゅうきゅうちょく》」の極意を語っている。老子の言うのは、次の如くである。

「曲がれるは、すなわち全《まった》かる」
「枉《よこしま》なるは、すなわち直《ただ》し」

一見して、曲がっていて使い物にならないようなものこそが、完全なのである。一見して好ましくないようなものこそが、正しいものなのである。このように老子は述べている。

相手に力を及ぼすには、直線を使った方が合理的であることはいうまでもない。しかし、太極拳の動きの中核をなすのは、円である。しかし、この円を、円のままで使ったのでは、使い物にはならない。円の中に直を認めることができたときに、始めて円は用をなすのである。

老子は、直ではなく、曲こそが、森羅万象を貫く究極の形であると考えていた。いうならば「直」は用であり、「曲」は体であると考えていたのである。神秘学では、「直」は三角、「曲」は円として表現されることが多い。そして、「直」と「曲」との合一を論ずるのが、神秘学なのである。

密教では、金剛曼荼羅が「直」の世界を表現している。そして、胎蔵界曼荼羅は「曲」の世界である。金剛曼荼羅は「直」の中に「曲」を含み、胎蔵界曼荼羅は「曲」の中に「直」を含んでる。これらの曼荼羅は、ともにまったく別なところで成立したと考えられており、中国に密教が入って後に、金剛、胎蔵をひとつのまとまりとする考え方が生まれた。

また、授法においても、かつては金剛界あるいは、胎蔵界のそれぞれ一方をのみ教えられるのが通常であった。これは、金剛界は金剛界で完結しているし、胎蔵界は胎蔵界で完結した法であるからである。金剛界と胎蔵界をひとつとみなす金胎一如の考え方は、金剛界を「直」、胎蔵界を「曲」としてとらえたところに生まれたものと考えられるが、こうした見方は、わたしは必ずしも好ましいとは考えない。修行の上から言えば、金剛界なら金剛界、胎蔵界なら胎蔵界で、個々人にはそれぞれひとつが伝授されるべきであろう。

神秘学として重要なことは、表面的な事象の中に含まれている奥深い「奥義」を見いだすことである。我々の文明の進歩とは、効率性の追究、競争に勝つことへの追究であった。これは「用」の道であり、「直」の道であった。しかし、老子は、「曲」の道こそが、本当のあるべき姿であると教えている。非効率的、非合理的に見える「曲」の中にこそ、本当の意味での効率性や合理性があるというのである。

「それ、ただ争わず。ゆえに天下に、これと争うこと能《あた》うことなし」

まっ直ぐな力のぶつかり合いが、争いを生むことになる。まるい「曲」の力であれば、争いそのものが生じることがない。天下のあらゆるものが、これと争おうと思っても、争いそのものが生まれないからである。

これが、まさに円の動きを中心とする太極拳の求める境地なのである。太極拳では、争いに負けないようにするには、争いそのものが生まれなければよいと考える。病気も同じで、太極拳は、よく「未病を治す」といわれるが、未だ病気にならないうちに、心身のコンディションを整えることで、本当の病気にかからないようにするわけである。

攻防においても、未だ攻防が始まらないうちに、これを治めてしまう。これを行うには、現象の奥にある世界を知らなければならない。「曲」の中にある「直」を悟る必要があるのである。「曲」とは調和である。「直」とは闘争である。未然に攻防を抑えるには、調和の中にある闘争を知ることができるようにならなければならない。未だ攻防の始まっていない調和の中に兆す闘争のあることを知らなければならない。そして、それに対処するのである。

第二十三章

大いなる道には、偽りはない。
おおいなる道では、すべてが無理なく調和をしている。
おおいなる道は、とらえることもできないほど大きい。
おおいなる道からは、徳が生まれる。
聖人が、もっとも重んじるのはこの徳である。

「失」のエクササイズ

太極拳では「柔」を重視する。一方で、南北の少林拳は「剛」を重視する。また、形意拳や八卦拳は「硬」を重んじる。さすがに「軟」をいう武術の派はないようである。「軟」とは、ぐにゃぐにゃしたような状態であるから、これではなかなか武術として成り立たない。

通常の武術やスポーツも、「剛」のエクササイズに属する。強く、速く、高くといったものを求めるのである。少林拳では、七十二芸といって、およそ攻防に必要な人間の心身のあらゆる能力を最大限に引き出す練習体系があった。これは、いうならば「剛」の最高峰のエクササイズであった。

しかし、太極拳では、あくまで心身のバランスを重視して、特定の能力をのばすことに意を用いない。それは、特定の能力をのばすことで、心身のアンバランスの生まれることをよしとしないからである。「柔」のエクササイズでは、なにかを新たに得ることよりも、よけいなことをしないことを考える。身を翻して相手の顔面を蹴るよりも、手で打った方がよい、と考えるのである。これは、この章で老子の言っている「失」の道と同じである。

「硬」拳は、「剛」拳と誤解されていることが多い。また、現在では「硬《かたい》」といったイメージが好まれないようでもある。ために、形意拳や八卦拳を、太極拳と同じ「柔」の武術とする人もいる。「硬」拳の「硬」とは、変化をしない、という意味なのである。変化をしない「かたさ」なのである。

形意拳には「硬打、硬進して、かたわらに人なきが如く」でなければならない、という拳訣がある。形意拳は、三才式という半身の姿勢をつねにとっている。これを崩すことなく、攻防を行わなければならないことを、この拳訣はいっているのである。

八卦拳では、掌《しょう》と拳は同じ、と教えているが、これも掌と拳を同じようなテンションで使う。つまり、掌と拳で変化がないので、「硬」とするわけである。いうまでもないことであろうが、掌と拳が同じテンションで使われるということは、すべての動きが同じテンションでなされる、ということである。すべての動きが同じテンションでなされるので、相手は攻撃をしようとしているのか、あるいは防御をしようとしているのか、動くのか、動かないのか、といったことを判然と知ることができない。八卦拳は「十面埋伏《じゅうめんまいふく》」の拳といわれる。「十面埋伏」とは、ゲリラ戦を形容する語である。どこから攻めてくるのか分からないことの形容である。これが可能となるのも、八卦拳が「硬」拳であるからにほかならない。

形意拳は、攻防の究極の形である半身の構えをのみ使うことで、多くの動きを捨てた。八卦拳は、すべての動きを、ただ同じテンションで行うことにした。これらは、すべて「失」の道であることが分かる。老子は、

「道に同じくす」
「徳に同じくす」
「失に同じくす」

と述べている。「道」「徳」「失」は、おおいなる道と同じことで、おおいなる道のいろいろな側面を述べているのである。ここで、根本となるのは「失」である。老子は、寡欲で、よけいなものを持つことのない生活をおくれば、人は心やすらかでいられる、と教えている。

「道」や「徳」「失」とひとつになるには、日々こうしたことを実践することである。日々、「道」「徳」「失」を実践していれば、意識の深いレベルで、「道」や「徳」「失」のイメージをとらえることができるようになる。

仏教で、日々、経をあげるのも、経典に書かれている教えを体得するためである。太極拳も日々、拳を練ることで、その動きは霊的なレベルにまで深められる。こうした深いレベルにいたると、套路に込められたエネルギーの形を、自ずから体得できるようになる。太極拳の習得に特別な方法はない。ただ、套路を繰り返せばよいだけである。

ただひたすらに「失」のエクササイズを練っていれば、自ずから、それは「徳」行の実践にもなるし、「道」を感得することも可能となるのである。形意拳や八卦拳、太極拳などの道芸を練れば、そ

れがそのまま、おおいなる道とひとつになる階梯をすすむことになるのである。

こうして、よけいなことをしないのが、「失」の道である。おおいなる道とひとつになるための方法は、いくつもある。そして、それらに優劣はない。自分のもっとも行いやすい方法をとればよい。そして、いったんその道をきめたならば、それに専念することである。

太極拳を練れば、自然と静かな意識状態が得られる。静かな意識状態になれば、さまざまな欲望から解放される。こうして「失」が成就するのである。また、静かな意識になれば、和合の気持ちも生まれる。これが、「徳」の実践につながる。こうした実践を太極拳を練ることで行っていれば、それはそのまま「道」の行となり、おおいなる道とひとつになれるのである。

第二十四章

自分がなしたことを誇ってはならない。
自分の殻に閉じこもっていては、
おおいなる調和を得ることなどできはしない。
多くの人は、あえて、ひたすら曲がりくねった山道を、
苦労して歩んでいる。
おおいなる安らかな道のあることを、
誰も知らない。

「立つ」ということ

老子は、ここで、おおいなる道に反するものとして、「余食贅行《よしょくぜいこう》」をあげている。「余食」とは、食べきれないほどの食事のことで、これは無駄になる。また、「贅行」とは、よけいな行いのことで、これも無駄である。

ようするに老子は、無駄な行いというものは、おおいなる道からもっとも外れた行為である、と指摘しているわけである。太極拳の修行もこれと同じで、太極拳の修行を、通常の武術と同じく、技を

覚えること、なにかを新しく自分が学び、加えることと理解したのでは、まったくよろしくないのである。

武術に限らず、一般的な学習とは、知らないことを新たに覚えることなのであるが、太極拳では、すでに持っている好ましくないものを捨てるために、わざわざ新たに動きを習得するのである。多くを捨てるために、少しのものを入れるわけである。

太極拳を学ぶ人の中には、二十四式が終われば、四十八式を、そして次にはさらに長い套路を、といったように、次々と套路を覚えることが、太極拳の修行と考えている人もいるようであるが、これは正しくない。太極拳の套路とは、あくまでよけいなものを捨てるためにあるのであるから、基本的には「ひとつ」で十分なのである。

個人的には、鄭子太極拳の三十七式で、十分と考えている。これをより深く理解するために、楊家の百八式などの習得も重要ではある。しかし、あくまで基本とすべきは、鄭子の三十七式としてよかろう。わたしは、現時点で知る限りにおいて、鄭子はもっとも「余食贅行」のない套路と思っている。日本でもっとも普及している二十四式は、形意拳家の李天驥《りてんき》が編んだために、動きの構成が、太極拳というよりは、形意拳に近いものとなっている。起勢からいきなり野馬分鬃《やばぶんそう》に入る動きは、形意拳の入り方と、ほぼ同じ動作の流れである。ほかにもつま先を大きく上げるなど、大地との親和性である「根」を重んじる太極拳からすれば、考えられない動きも少なくない。

老子は、次のように、おおいなる道に反する行為を実際にあげているのであるが、とくに興味深いのは、ここでも老子の言うことが、そのままに、太極拳の拳訣になっている点である。

「つまだつ者は立たず」

これは、踵に重心のない人は、正しく立つことができない、ということである。たしかにつま先で立てば、不安定である。太極拳の根本に五歩がある。五歩とは、五つの歩法のことで「前進、後退、右転、左転、中定」である。この「中定」は、まっすぐに立つことで、これが歩法の基本となる。太極拳で、まっすぐに立つとは、大地に「根」が生えたように立つことである。おおいなる道とひとつになったならば、大地ともひとつになっている。これが「根」を持つということである。

太極拳の求めるところは、ただ「立つ」ということだけである。「立つ」という行為は、また人と動物とを分ける重要な行為であり、これにより人としての能力が生まれたのである。つまり文明は、人が「立つ」ことによって生まれたのである。この人としての根本を正しく得ようとするのが、太極拳なのである。

第二十五章

永遠なる物などありはしない。
永遠なる誉れも存しはしない。
すべてはあるがままでよい。
究極の「一」である、おおいなる道を得さえすれば、
人は安らかでいられる。

おおいなる「均衡」を得る

老子は、この世の偉大なるものとして「四大」をあげている。それは「道、天、地、王」である。

そして、

「王は、その一に居る」

と、とくに述べている。これは、道、天、地よりも、王を第一のもの、根源的なものと考えていたような書き方であるといえよう。ただ、老子の言う「王」とは、たんなる為政者のことではない。おおいなる道を体得し、それを実践する者のことを、「王」と言っているのである。

このことは、「四大」を述べた後に、人と地と天と道の関係性について書いていることでも分かる。

つまり、「四大」のところでは、

道、天、地、王

が述べられ、これに続く説明では、

道、天、地、人

となっているのである。これは、つまり「王」と「人」とが、同じである、ということである。すべての「人」は、おおいなる道とひとつになって生きることで、「王」となるのである。これは釈迦の言った「天上天下唯我独尊」と同じような考え方である。釈迦の言う「天上天下唯我独尊」とは、法の成就者、つまり悟りを開いている人は、この世でくらべるもののないほど尊いものである、ということである。

老子も、おおいなる道とひとつになった「人」は、だれも一国のトップにある王のように比類のないほど尊いものである、としているわけである。もちろん為政者としての王も、本来は、おおいなる道とひとつになった人物がその位にあれば、この世はすべからく平和が保たれることになる。これは、社会のどの分野においても同じである。あらゆる人がおおいなる道の実践者となることが、「王」となるということであり、それはもっとも望ましいことなのである。

老子は、人と地と天と道について、次のように教えている。

「人は地に法《のっと》り、地は天に法り、天は道に法り、道は自然に法る」

つまり、人はまずは「地」とひとつになり、次に「天」と、そして「道」とひとつになる、としているわけである。そして「道」とは、「自然」そのままなのである。こうした過程は、神仙道や太極

拳とまったく同じである。神仙道では、

煉精化気

煉気化神

煉神還虚

をいう。煉精化気とは、生命エネルギーを充実させる過程である。これを築基という。太極拳では、套路を覚える段階である。正しく套路を覚えれば、自ずから腎が活性化される。

生命エネルギー（精）の根元である腎が活性化することを、煉精化気という。大地（地）は、古代に大地母神として象徴されたように、生命エネルギーの根元である。老子の言う「地」と、神仙道の「精」は同じ生命エネルギーの根元をいうものなのである。

次は、煉気化神である。これは精神エネルギー（神）を充実させる過程である。太極拳では「至静」を得る段階となる。滞りなく套路ができるようになれば、あるとき自然と「至静」の境地に入ってしまうものである。これが、「天」の精神エネルギーとひとつになった境地である。

そして、煉神還虚とは、地のエネルギーと天のエネルギーがひとつになる段階である。ここにおいて、生命エネルギーと精神エネルギーがひとつに融合されるのである。この境地に入ると、「道」とひとつになることができる。生命エネルギーと精神エネルギーがひとつになったときに、我々は、おおいなる道を感得し、実践できるようになるのである。

おおいなる道の修行として重要なことに、心身の均衡がある。心身が適度なバランスを保っていることが大切なのである。そして、心身の均衡を保つエクササイズとして、太極拳は最適といえる。心身の適切な均衡関係こそが、太極拳修行者が手に入れなければならない、ただ「一」つのものなのであり、「一」に、おおいなる道の実践とは、完全なる均衡の実践なのである。物的なものと精神的なものとの均衡、生命エネルギーと精神エネルギーの均衡、これらが保たれることが、「自然」であると老子は考えたのであった。

第二十六章

思い切って捉われを捨てなければ、
おおおいなる道を悟れはしない。
おおいなる道の悟りとは、
寒い冬の夜の空気のよう。
それは清冽なる虚の世界――。
望むらくは、なんらの障害もなく、
ただ安らかに道の悟りを得たいもの。

「静」と「重」を知る

老子は、「軽《けい》」と「躁《そう》」を戒める。

「軽であれば、すなわち本《もと》を失い、
躁であれば、すなわち君《きみ》を失う」

この一節は、二十六章の最後にみられるものであるが、これは冒頭の次の一節と対をなしている。

「重《ちょう》は、軽の根《こん》たり。静は、躁の君たり」

つまり、「躁」であれば「君」を失う、という「君」とは「静」のことなのである。また、「軽」であれば、「本」を失う、という「本」も、これが「重」であることはいうまでもあるまい。つまり、老子は「躁」であれば「静」が失われ、「軽」であれば「重」が失われる、と言っているのである。

これは、いうならばあたりまえのことである。静かでない状態は、躁《さわが》しい。軽くなければ、重いといえよう。しかし、老子はここで「軽」と「躁」を戒めて、「重」と「静」を良しとしている。

これは太極拳では「沈」と「静」ということになる。よく「気が落ちている」といわれるような状態である。こうなると濁気は下に流れ、清気は上に流れて、心身の好ましい状態がもたらされる。天地と人とが、一体となるわけである。

太極拳では「双重」を、もっとも好ましくない状態と教えている。これは両足に力を入れた「安定」した状態である。通常の武術では、こうした状態を良しとする。しかし、太極拳では、このような状態では、すばやく心身を働かせることができない、と考えるのである。

老子は、「重は、軽の根たり」と述べている。たんなる「軽」では、よろしくないが、老子の言う「重」も、たんなる「重」ではないということである。老子の言う「重」には、その中に「軽」が含まれているのである。安定している（重）が、軽やか（軽）である、というのが、老子の考える「重」なのである。これは太極拳の「沈」と同じである。

「躁」は「さわがしい」ということであるが、この字が足偏であることでも分かるように、「躁」には「速く歩く」という意味がある。つまり、速く動くということである。むやみに速く動いたのでは、細かに心身の働くシステムを作ることはできない。細かに心身が働かなければ「静」を得ることもできない。

太極拳のようなゆっくりとした動きであれば、細かに心身の働くシステムを作りやすい。つまり「静」を感得しやすいのである。たとえば、ひとつの動きをひとつの円で行ったならば、その動きはおおまかであり見えやすい。しかし、多くの細かな円を少しずつ動かして、それらを途切れることなくつないでひとつの動きを作ったならば、その個々の動きは見えにくくなる。これが、太極拳の「静」である。

こうして動きを細かく分けることで、多彩な変化が可能となる。太極拳の「静」とは、多彩な変化をして、変化の少ない強い力を制するためのものなのである。ちなみに八卦拳でも、こうした心身の働きの細分化を練る。八卦拳では、両儀（2）からはじめて四象（4）、八卦（8）、そして六十四掌（64）へと、動きを細分化する。円（太極拳）と直（八卦拳）の違いはあっても基本的な考え方は、ともに同じである。

「静」や「重」の奥義を知ることは、おおいなる道を知ることそのものなのである。我々は、そうしたものを体現した太極拳や八卦拳を練ることで、おおいなる道を感得することができるようになるのである。

第二十七章

おおいなる道は、とらえどころのないもの。
これをとらえようとしてはならない。
おおいなる道と我とは、ともに寄り合うひとつのもの。
おおいなる道とひとつになるとは、
仲間とほろ酔いの中で、春の夜風に吹かれて月を待つような心地よきもの。

こだわりのない境地

この章では、「襲明《しゅうめい》」の教えが説かれている。

「襲明」とは、「明」を重ねる、ということである。老子は「襲明」を「要妙《ようみょう》」であるとする。「要妙」は、重要で玄妙なことであるから、老子は、「襲明」を重要で、玄妙なものと考えていたわけである。

つまり、それほどに「襲明」を、たいせつな教えと考えていたのであった。

それでは、「襲明」の教えとは、なんであろうか。

「人を棄つることなし」

「物を棄つることなし」

つまり、使えないような人や物でも、おおいなる道の悟りを体得した人であれば、棄てて顧みないということはない、というのである。これは、あらゆるものが、全体を構成するたいせつな一部であるとする老子の「一」の思想を如実に示すものにほかならない。

どのような部分でも、それを欠いては、全体である「一」が完成されないのである。老子は言う。使えないと思われるものでも、「資」となり得るのであると。「資」とは、いうならば資材のことであり、そのままは使えないが、手を加えれば、十分に有効なものとなる、ということである。

この「一」の考え方こそが、太極拳のベースなのである。あらゆるものが、調和の中にある。それは、すべてのものが、連関性をもって存しているからである。こうした「一」なる感覚のことを、太極拳では太和の気という。森羅万象は、太和の気の中において存在している、と考えるのである。そうであるから、調和を乱そうとするような行為は、本来的にあるべきではない、ということになる。

武術も同様で、闘争のための技術を身につけるような「武術」は、この宇宙の中にあって存するべきではないのである。しかし、本来あるべきではない「攻防」も、我々の世界には確実にある。しかし、これは老子の教えるところによれば、「攻防」も「資」ということになるのである。一部の宗教のように「攻防」を、ただ否定しても意味がない。大切なことは、現実にある「攻防」を「資」として、本来の道である「調和」をいかに学ぶかにあるのである。

太極拳にあっては、「攻防」を通して、その中にある「調和」を見いだそうとするわけである。この発見が、太和の気の発現となるのである。太和の気は、後天的に学習された誤った考えや行為によって、覆い隠されている。その「覆い」を取れば、おおいなる道を知ることができるのである。これは、じつに簡単なことなのであるが、生まれてから長い年月のあいだ積み重ねた「覆い」を取ることは、きわめて難しいことともいえよう。

太極拳の優れている点は、これをただ行えば、自ずから「覆い」を取るシステムが作動するようになっている点である。それは太極拳というシステムが、そのまま攻防の中に調和を実現したシステムであるからである。ただし、太極拳の真伝は、意外に少ない。

現在、教えられている多くの太極拳は、どうしても攻防にかたよったり、調和だけであったりするようである。しかし、これでは太和の気は出てこない。よく、八卦拳の真伝を得ることは難しい、とされるが、これは太極拳でも同様である。難しいことではあるが、可能であれば、真伝の太極拳を探り当てて、真の「醍醐味」を味わっていただきたいものである。

真の太極拳の「醍醐味」を知ったならば、太極拳の修練で、名誉を得ようとか、財産を得ようとか、そういったものには、まったく興味がなくなってしまうことであろう。ただ、拳を練ることが無上の楽しみとなるからである。そして、これこそが、おおいなる道とひとつになった境地なのである。

第二十八章

雄があり、雌がある。
白があり、黒がある。
あらゆるものは、対の関係にある。
しかし、おおいなる道の悟りを得れば、
その奥には、対立のない世界のあることが分かる。

三つの階梯

老子は、おおいなる道の悟りを得ることは、徳を体得することであると教えている。そして、徳の体得の深まりを、三つの段階として説いている。すなわち「嬰児、無極、樸《はく》」である。「嬰児」のレベルに入った人から、徳は離れることがない。いうまでもないことであるが、老子の言う徳とは、人がもともと持っているものである。そうであるから、徳と人とは離れることがないのである。しかし、だれもが持っている徳は、さまざまな要因によって発現されないままとなっている。これが、はじめて発現するのが、この「嬰児」のレベルなのである。

「嬰児」は、後天の体を得てはいるが、いまだ好ましくない体験をしていない。いうならば先天の世界にもっとも近い存在なのである。老子は、これを「至柔」とする。太極拳では、第一に求められる境地である。

それでは「嬰児」の境地を得るには、どうしたらよいのであろうか。老子は「谿《たに》」となることを教えている。「谿」とは、水が集まり、川へと流れていく場所である。

「その雄を知り、その雌を守らば、天下の谿となる」

こう老子は、述べている。「雄」は陽であり「雌」は陰である。これを流れにたとえているので、「雄」は、出る働きであり、「雌」は入る働きである、と考えられる。この二つが、ひとつにまとまることの象徴として「谿」があげられているのである。

太極拳では、気は鼓盪《ことう》し、神は内斂《ないれん》することが大切と教える。老子でいうならば、気は「雄」となって活発に働き(鼓盪)、神は「雌」の如くに静かに鎮まる(内斂)ということになろう。こうした状態が、「至柔」の境地なのであり、また「嬰児」で象徴されるレベルなのである。

次は「無極」の境地である。老子は「式」となれば、「無極」のレベルに入れるとする。「式」とは「規範なき規範」のことである。自由に考え、行動をしても、おおいなる道から外れることのない境地のことである。

八卦拳では、定架子、活架子、変架子の別があるとする。

定架子は、套路を正しく覚えた段階である。このレベルでは、いまだ攻防は行えない。また当然のことであるが、それ以上の霊的な部分にもアプローチできない。いうならば套路にとらえられた状態である。ある一定の理想的な動きの形によって自らを規定することで、今まで気づくことのなかった心身の働きのあることを知る段階である。

活架子は、套路の持つ心身の使い方に熟達した段階である。太極拳では、今まで気づくことのなかった、本来人が持っている心身の働きのあることを知ることを、先天真陽の気が開く、という。先天真陽の気が開けば、活架子の段階に入る。このレベルになれば、攻防にも対応できるし、修練を通して心身を調整することも可能となる。活架子では、套路のとらわれから離れることができる。自分の心身の働きによって、套路を練ることができるようになるのである。

最後の変架子は、いうならば套路の日常化である。套路を棄てるのでもなく、それに執するのでもない。とらわれのない自在の境地である。このレベルに入ると日常の動作そのものが、八卦拳の動きの原則（式）から外れることがない。そうなると呼吸も変わる。その人が、本来持っている呼吸になるのである。こうした呼吸を、神仙道では「胎息」あるいは「真息」という。

八卦拳では、定架子、活架子、変架子の段階をして、おおいなる道とひとつになるプロセスを示している。太極拳でも、これと同じである。太極拳では、套路も日常の生活も、すべてが「ひとつ」になるので、一を抱いて離れることのない境地ともいっている。これが、老子の教える「式」の境地である。

老子は、徳をもっとも深く体得したならば「樸」となる、としている。「樸」とは、「あらき」のことで、ありのままの状態ということである。いうならばカルマの呪縛から離れた状態である。拳を練っているのに、そうは見えないような状態である。

武術をやっている人には、武術をやっている人に独特の感じがあるものである。これは野球でも、他のあらゆる職業においても共通するところであろう。こうした一定の雰囲気のようなものができるのは、人に行為への執着があるからである。行為への執着が、カルマとなっているのである。

中国では「武術に長じた者は、打たれて亡くなる。水泳に長じた者は、おぼれて亡くなる」と言う。自分のもっとも得意なところに、心の執着、滞りが生まれてしまうからである。ただ日々、淡々と套路を練る。そうしていれば、自ずから「樸」は得られ、おおいなる道と一体となるのである。

第二十九章

一切の有為は幻である。
無為もまた幻である。
このことを、忘れてはならない。
有為、無為ともに幻なのである。
すべてが虚空の中に消えるとき、
おおいなる道への悟りが開かれる。

真の自己完成

老子は、ここでは「天下」を取る方法について説いている。

およそ「天下」は、これを強いて治めようとしても、うまくいくものではない。また、強いて「天下」を求めても、得られるものではない。こう、老子は教えている。そして、もし、「天下」を取ろうとするのであれば、極端であることや無駄なこと、奢りをなくせばよいとしている。これは「無為自然」であれ、ということである。

「天下」を取るには、土地と人を治めなければならない。つまり、「天下」を取るとは、土地などの物的なものと、人の心といった霊的なものとが、ともに治められていなければならないのである。そして、物的なものと霊的なものを、ともに治めるには、人のはからいを捨てなければならない、と老子は教えるのである。

人のはからい、つまり人為をもってしては、「天下」を取ることはできない。ために老子は「天下」を「神器」といっているのである。「天下」を「神器」とする思想は、日本では天皇位の象徴である三種の神器として存している。

天皇位の象徴としての三種の神器が定着するようになるのは中世以降であるが、古くから王権が玉と剣と鏡の三種類でシンボライズされるようなものであったことは、古墳の出土品や『日本書紀』などの記録にも見ることができる。これは、霊《たま》の象徴である「玉」と、三角と円の働きを示す「剣」と「鏡」とみることが可能であろう。三角と円は、また戦いと和平の象徴と考えることもできる。つまり、剣や鏡は、物的なものの象徴であり、玉は霊的なものの象徴ととることができるのである。

このように古代では、王権は、物的なものと霊的なものとを、ともに治めることのできる者に与えられると考えられていたのである。老子は、おおいなる道とひとつになれば、物的なものと霊的なものを、ともにバラスよく治めることができる。そのことの例として天下を取る、ということを言っているわけなのである。

老子の言う「神器」としての「天下」とは、物的なものと霊的なものとがひとつになった存在のことである。その意味においては、太極拳や八卦拳の套路も「神器」であるとすることができよう。つまり、正しい套路を学ぶということは、いうならば「神器」を継承するということでもあるのである。

「神器」を受けるには、老子が「天下を取る」というところで述べているのと同じく、極端をなくし、無駄をなくし、奢りをなくすことである。

我々は、そうした中で「至静」「至柔」の境地を得ることができる。天下を取るとは、人としての位を極めることである。ために老子は、人としての最高の境地であるおおいなる道とひとつになることを、「天下を取る」という言い方で示しているのである。老子の言う「天下を取る」とは真の意味での自己完成をいうことなのである。

第三十章

優れた能力を持つ者は強い。

しかし、その強さに執してはならない。

虚心であること！　考えすぎないこと！

ただ、素朴な自分であればよい。

「強さ」へのとらわれ

老子は、ここでは軍事をもって、おおいなる道の教えを説いている。いわく、

「兵をもって、天下に強くせず」

「あえて強をとらず」

である。これは、「強さ」を求めることはしない、ということである。では、なぜ老子は、「強さ」を求めることを戒めているのか。


それは、「強さ」を得た者には、「強さ」を誇り、奢る心が生まれるからである。これでは「強さ」への執着が生まれることになる。人は「力」を持つと、それをどうしても使いたくなる。武術を学ぶ者の中には、自分がどれくらい強くなったのか、試したくなる者も少なくない。そして、自分の「強

さ」に誇りや奢りを持つようになると、粗暴な振る舞いに及ぶ場合もある。こうしたことが、おおいなる道から外れていることは、いうまでもないことであろう。

「果たすも、しかも已《や》むることを得ざれ」

結果が出ても、それに執着してはならないのである。中途半端なところで、「これで終わり」と思ったり、なにかを達成した、と軽々に考えたりするところにまちがいが生まれるのである。ある程度のところにいたっても、「まだまだ不十分」と考えて、止めないで先に進んでいくべきと、老子は教えているのである。そうであれば、

「果たして、しかも強きことなし、と謂《い》う」

ということにもなるわけである。軍事でも、武術でも、それを学ぶ、ということは、「強さ」を得てしまうことでもある。しかし、老子はさらに「強さ」の先にあるものを知れ、と教えているのである。「強さ」の先にあるものとは、おおいなる道である。ここまでにいたるには、一定の成果である「強さ」に執していたのでは、とてもたどり着けない。

結果としての「強さ」を超えたところにある「強くないもの」を知るとき、その人は、またおおいなる道を知ることになるわけである。真の「強さ」とは、「強くないもの」から生まれていることを知るのである。

太極拳では、こうした「強さ」の果てにある「強くないもの」のことを「鬆《しょう》」という。これを見てもまさに、太極拳が「強さ」に執着することのないシステムであることが分かる。正しく「鬆」をベースとした修練を重ねていると、自ずから「強さ」も得られる。武術的な攻防も可能となる。しかし、「鬆」

の中で涵養された「強さ」を得た修行者には、それに執着する心が、もう既にない。それは、心も「鬆」を得ているからである。

よく耳にすることに、太極拳ではなかなか「強さ」が得られない、ということがある。こうした状態に耐えられないで、途中で修行を止める人も少なくない。ただ、太極拳を修行している中で、焦りや迷いが生まれるのは、いまだ心が「鬆」になっていないからである。表面的な「強さ」への執着があるからである。

心が「鬆」になっていなければ、体も充分な「鬆」を得られない。結果として、「強さ」も得られないことになるのである。太極拳での、「強さ」とは、それに執する心が無くなったときに、自ずから現れるものなのである。

ただ「強さ」への願望を持つ人も、むりに始めから、そうした願望を棄てようとする必要はない。「強さ」へのとらわれを持ったまま修行を続けてかまわない。しかし、三年、五年、十年と修練を重ねていくうちに、自ずからとらわれは消えていく。ここにいたるまで、修練を重ねることが大切なのである。

第三十一章

優れた兵士を持つのは、はたして良いことであろうか。
戦いに勝つのは、はたして好ましいことであろうか。
ただ、こだわりなく無為であること。
もし、聖なるものを求めるのであれば、
つつましやかでなくてはならない。

とらわれのない境地

老子は、この章でも軍事について語っている。そして、「兵は不祥の器」であると、繰り返し述べている。「不祥の器」とは、「不幸を招くもの」ということである。「兵」は、存在するだけで、なにかしらの不幸を呼ぶものと、老子は考えるのである。

そうであるから、老子は、おおいなる道の悟りを得た者は、「兵」にかかわることはない、とする。また、「兵」は「君子の器」ではないとも述べている。すなわち、おおいなる道を体得した者（君子）は、「兵」を使うようなことはしない、というわけである。

老子の言う「兵」とは、兵隊ということでもあるが、兵隊をも含めた「攻撃力」ということと理解

してよいであろう。それは「兵」を、

「人を殺すことを楽しむなり」

と、しているのでもわかろう。「兵」とは、喜んで人を殺すものである。人は「攻撃力」を持てば、それを使いたくなるものである。そうであるから老子は、「兵」をおおいなる道に反するものとしているのである。しかし、老子も、「兵」を用いなければならない場合のあることは認識していた。もし、どうしても、「兵」を用いなければならないようなときには、「恬淡《てんたん》」であれ、と教えている。

「恬淡」とは、とらわれがなく、心静かにいるようすである。たとえ、「兵」を使ったとしても、それに執着しないようにすればよい、というわけである。つまり、これは至静の境地にあれば、「兵」を使うことができる、ということでもある。至静の境地にある者は、相手を殺傷することに喜びを感じることはない、相手を攻撃することにとらわれていないからである。

至静とは、喜怒哀楽を超えた心の境地である。老子の教える「恬淡」とは、また無為自然ということでもあろう。もし、「兵」を使わなければならないような状態になったならば、これは「兵」を使うことになるのであるが、「兵」を使っている本人は、相手を攻撃しようなどとは、まったく考えていないわけである。

しかし、ただこう言うだけでは、具体性に欠けるように思われるかもしれない。太極拳では「恬淡」の境地を「捨（舎）己従人」の教えとしている。「捨己従人」とは「自分を捨てて、相手に従う」という意味である。太極拳にあっては、相手が攻撃をしてきたときの、その自然な反応として「兵＝攻撃の力」が用いられることになるのである。これは、竹を押すと、もとにもどろうとするのと同じである。

おおいなる道は、調和にみちている。「兵」を使うのは、それを乱そうとすることである。ために自然の流れとして、調和を乱そうとする「兵」を制するために「兵」が使われることもあるのである。こうして、おおいなる調和が、保たれるのである。

老子が、「兵」を良しとしないのは、これが自然ではないからである。老子は、おおいなる道のシンボルとして「柔（至柔）」をあげている。少林拳でも、空手でも、突きや蹴りは、鋭い攻撃性を有している。これは「剛」の動きである。しかし、太極拳の蹴りは、ゆっくりと足をあげるだけであるし、突きも、静かに拳を出すだけである。これが「柔」の動きなのである。

少林拳や空手のような突きや蹴りと等しい動きは、日常の動作にはない。これが、老子の言う「兵」なのである。一方で、太極拳のそれは、階段を昇るときに、足をあげたり、物を持って、前に置くときに拳を握っているのと同じで、まったく自然な動作となっている。

つまり、太極拳において、自然な動きではない攻撃動作（剛）は、自然な動き（柔）へと還元されてしまっているのである。ために、攻防の動きのように見える太極拳ではあるが、その動きは「兵」そのままではない、ということになるのである。

太極拳は、あらゆる執着を超えた「恬淡」の境地を知らなければ、奥義にいたることはない。極限すれば「恬淡」で練られることのない太極拳は、太極拳とは言えない、とすることもできるのである。

第三十二章

形あるものも、最後には形なきものへと帰する。
執着が深ければ、道を誤る。
むやみに昔のことを反省してみても仕方がない。
いろいろあっても、仕方のないこと、
笑い飛ばせばそれでよい。

尺、寸、分の勁

老子は、この世のすべての存在は、おおいなる調和の中にあると考えていた。このおおいなる調和こそが、おおいなる道そのものなのである。自然そのままであれば、おおいなる調和は保たれている。しかし、人が欲望にまかせて、いろいろと余計なことを行うと、おおいなる調和は乱れてしまう。このように老子は考えたのである。

老子は、おおいなる調和を保つための注意点として「止まること」をあげている。

「止まるを知らば、もってあやうからざるべし」

止まることを知ったならば、おおいなる道を踏み外す危険は、自ずから回避できる、とするのである。太極拳で、ゆっくり動くのも、いつでも、止まることができるためである。また止まるとは、一定の形にとらわれないで、自在な変化ができる、ということでもある。

通常の武術は、動きの起点と、攻撃目標点である終点のあいだを、もっとも速く動こうとする。しかし、この発想では、攻撃が始まったときに、目標が移動しても、途中で終点の位置をかえることはできない。しかし、太極拳では、途中で攻撃目標を変更することが可能なのである。

太極拳のゆっくりした動きの中には、多くの変化点が含まれている。一見して、直線の動きのように見えても、じつはそれは変化点の連続したものなのである。太極拳の修練とは、三〇センチなら、三〇センチの動きの中に、いかに多くの変化点を作るかにある。

太極拳の拳訣に「曲の中に直を求める」がある。これは、曲線も直線も、同じである、ということである。どうしてそのように言えるのであろうか。それは太極拳においては、曲線も直線も、点（変化点）の集合にすぎないからなのである。

太極拳は、それに熟達すればするほど、動きはゆっくりしたものとなる。それは、変化点が多くなるからである。動きが緻密になるわけである。

よく、尺勁、寸勁、分勁などといわれることがある。尺勁は、一尺つまり、三〇センチくらいの距離で変化点をおくもので、これは一般的などの武術でも見られる動きといえる。

寸勁は、三センチくらい（一寸）の距離で変化点を加えることである。寸勁ができるようになれば、尺勁を使うよりも、より多くの変化点を得ることができる。尺勁にくらべて、寸勁では、より多彩な変化が可能となるのである。

そして、分勁を習得できれば、変化点のあいだは三ミリほどであるから、さらに自在な動きをすることができるようになる。分勁を使っての変化は、まさに千変万化ということができるであろう。

止まるを知るとは、多くの変化点を得ることである。これを体得すれば、あらゆる場面に柔軟に対応することができるようになる。そして、生活も、おおいなる道と同じく調和に満ちたものとなるのである。

第三十三章

あまりに鋭いものは、いつまでもそのままではいられない。
あまりに考えすぎても、好ましい結果は得られない。
ゆっくりと自分の内面を見つめること。
おおいなる道である「一」を抱いて離すことがないこと。
才知を使っていれば、すぐに限界がきてしまう。
なにも分からない赤ちゃんのようであれ！
そして根源の無極にかえるのだ。
そこでは、永遠なるものとひとつになれる。

綿の中に針を蔵する

老子は、相手のことを知ろうとするのは「智」であり、自然に相手のことが分かるのが、「明」であると述べている。太極拳でいう「神明」は、この「明」と同じである。「明」の前に「神」がついているのは、「不可思議に感じられるほどの」というニュアンスを加えるためである。

また、老子は相手に勝つのは、「力」であるとする。そして自ずから相手に勝ってしまうのは、「強」

であるという。この「強」は「こわい」ということで、硬さを意味している。ただ、そうすると、老子は「至柔」を説いていたではないか、と思われるむきもあろう。「柔」と「強」とは、相容れないもののように思われるかもしれない。

もともと「強」とは、「弓弦の強靭であることをいう」（白川静『字統』）とあるように、一本筋を通して変わらないのが、「強」であったのである。孔子も、

「国に道なきときは、死にいたるとも変ぜず」（『礼記』）

とする例をあげて「強」を説明している。節をまげないということである。また太極拳には「綿の中に針を蔵する」という教えがある。この「針」が、老子の言う「強」なのである。この「針」とは、太極拳にあって変わらないもの、つまり「一」であり、おおいなる道なのである。

太極拳にあっては、おおいなる道とつねに一体であることは、どのようなときにも変わることがないのである。太極拳には、昔から双魚図という秘図が伝えられている。これには二匹の魚が示されている。

その一匹は「陽」の体に一点の「陰」の目を持つものであり、もう一匹は、「陰」の体に一点の「陽」の目を持っている。一見して陰、陽と変化をしているようでも、実際はつねに陰陽がともにあるのが、おおいなる道の本当の姿なのである。これを知ることが、おおいなる道とひとつになるということであり、「綿」の中に「針」を得るということなのである。

双魚図そのものが、おおいなる道の表れであることはいうまでもないが、「一」であり、「虚」である、おおいなる道そのものは、双魚図の中心点となる。いうならば変化の中心にあって変わらない点が、

おおいなる道そのもののシンボルと考えることができるのである。この点は、ある意味では、見えない点でもある。この点は、二匹の魚が動くことで、はじめて生じてくる点なのである。これは、おおいなる道が「虚」であるためである。

なんら実態を持たないようでも、普遍の確固とした存在、こうしたもののあることを知ることが、太極拳の奥義を知ることになるわけである。太極拳は、じつに優れた修行法である。しかし、これがただ健康法のレベルにとどまっていることが多いのは、綿の中の「針＝おおいなる道」の教えがよく理解されていないからであろう。

第三十四章

おおいなる道は、もとよりとらえどころのないもの。
とらえどころはないが、とらえられないことのないもの。
聖人は、おおいなる道とひとつになっている。
とらえようと思わなければ、
その人はもう、おおいなる道とひとつになっている。

日々、新たに練る

老子は、おおいなる道は「氾」である、という。これは「氾濫」の「氾」と同じで、あふれかえる、という意味である。ひじょうにさかんなる生成の働きが、おおいなる道にはあると言っているわけである。そして、老子は、こうしたおおいなる道の生成の特徴について、三つをあげている。

「万物は、これを恃《たの》みて生ずる」
「万物を衣養《いよう》す」
「万物は、これに帰す」

つまり、あらゆる存在は、おおいなる道をたよりとして生まれているのであり、あらゆる存在は、おおいなる道によって養われているのであり、あらゆる存在は、おおいなる道へと最後には還元される、というのである。おおいなる道とは、あらゆるものを生み、育て、そして、またそこに帰ってくる。そのような存在なのである。

ここに見られるのは、変容、変化である。老子は、おおいなる道のさまざまに変容、変化する働きを「氾」としているわけである。

中国には、いろいろの武術の流派（門派）があるが、その中には、いくつかの形が伝えられている流派もある。形は、先人たちが、実戦の中で有効であった技を取り入れたり、あるいは鍛錬法として優れている、そうした動きが加えられることで増えていくのである。

しかし、太極拳は、基本的には、ただひとつの套路のみを練る。ただひとつの套路でこと足りるのは、それが変化の根本、ベースであるからである。多くの技や鍛錬法が、太極拳のただひとつの套路に含まれているのである。そうであるから、口伝を得れば、太極拳の形は、いろいろな攻防の形にも、鍛錬法にもなるのである。

たとえば、摟膝拗歩《ろうしつようほ》であれば、手で払う動作も、相手が拳で突いてきた場合と蹴ってきた場合では、微妙に変化をさせなければならない。具体的にいうなら、相手が突いてきたような場合は、それを手で払いのけることができるが、蹴ってきた場合には、払うのではなく、軽く触れて間合いをとることに使うのである。

強いて蹴ってくる足を払おうとすると、受けきれなかったり、返しの蹴りを受けることにもなりかなねい。そこで、軽く触れて相手のバランスを崩すことを、第一とするわけである。変化のない形であれば、突きの受けと蹴りの受けという二種類が必要となるが、太極拳ではただひとつの動きを変化させることで、いろいろな状況に対応しようとするのである。

また、摟膝拗歩は、姿勢を低くすることで運動量を増やすこともできる。これは、動きのスピードをゆっくりすることでも可能である。低い姿勢で、ゆっくりと太極拳をすれば、これはひじょうにハードな鍛錬となる。

こうした多彩な変化、つまり「氾」をさせることが可能であるのは、太極拳の套路が、おおいなる道をよく体現した套路であるからである。さらに太極拳の套路の修練に加えて、相手をつけて行う推手や散手などを加えれば、太極拳の鍛錬は、より広がりを持つこととなる。いうまでもないことであるが、推手や散手の修練は、また套路の鍛錬へと還元されなければならない。そして、套路の鍛錬は、また推手や散手の修練に反映されなければならない。このように太極拳の修行において、その生成の働きは、止むことがない。そのために日々新たな境地を体験することができるのである。

第三十五章

味なき味ほど深いものはない。
きまった味があれば、それで終わる。
それ以上には深まらない。
生きるとは、そうしたもの。
音楽があれば、ただそれを楽しみ。
食べものがあれば、ただそれを味わう。
そして、それらに、とらわれることはない。

シンボルとしての套路

おおいなる道は、それをそのまま形として示すことはできない。太極拳の套路なども、おおいなる道そのものではない。これはひとつのシンボルなのである。八卦拳の八母掌《はちぼしょう》も、おおいなる道のひとつの優れたシンボルである。形意拳の五行拳も同じである。

シンボルであるから、等しくおおいなる道の表現であっても、太極拳と八卦拳、形意拳では、動きが異なっている。シンボルとは、あるものの一部を拡大して示し、本来のものを知る手段となるものである。同じおおいなる道でも、太極拳家の受け取り方と、八卦拳家、形意拳家では、それぞれ違っていたということである。これは山登りに例えられることが多いが、どの道から登っても、最後には同じ頂上へといたる。これと各拳によるシンボルの違いは同じである。実質的には自分の感性にあうシンボルを使えばよいのである。

老子は言っている。

「大いなる象《しょう》を執《と》りて、天下を往《ゆ》かば、往きても害あらず」

大いなる象とは、おおいなる道のシンボルのことである。これを用いて実践をしたなら、どこであっても、まちがいの生ずることはない、と教えているのである。これは、また我々はシンボルを通してしか、おおいなる道の実践をする、修行をすることはできない、ということでもある。

さらに老子は、シンボルについて、次のようにも述べている。

「味わい無し」

「見るに足らざる」

「聞くに足らず」

もし、一般の人が、おおいなる道のシンボルに遭遇したなら、このような感想を持つであろうというのである。

どうも、味わいがないように感じられる。

見栄えがしないように思われる。

聞き応えがないように思われる。

つまり、おおいなる道のシンボルは、なにかもの足りないように感じられるものである、というのである。おおいなる道には、過不足はない。しかし、我々の生活は、過ぎることをもって良しとしている。このように肥大化した欲望が普通であると考える我々には、おおいなる道が、なにかもの足りないように感じられるのである。

八卦拳の八母掌という套路は、一定の形をとって円周の上を歩くだけのきわめてシンプルなものである。しかし、適切な師の教えを受けてこれを何年も練っていると、無限の応用ができるようになる。

北京に八卦拳を伝えた董海川《とうかいせん》は、よほどこれを秘密にしていたらしく、多くの弟子は第一の推掌《すいしょう》を伝えられたのみであった。また、一部の高弟には、八種類の形の中のいくつかが伝えられた。これが今日の八卦掌（董海川の弟子の中で、尹福《いんふく》のみが八卦拳を教えられ、ほかの弟子は八卦拳の一部である八卦掌を教えられた）の套路の混乱の原因となっている。

八卦掌と「八」とあるので、四本しか形を教えられなかった弟子は、独自に残りの四本を作ったりしたことがあったようなのである。八卦掌には、派によっていろいろな套路があるとされるのは、こうしたことによる。八卦掌の「八」という数字がおおいに原因しているのである。

しかし、このような問題も、八卦拳を通してみれば、すぐに解決をする。どの形が、本来の八卦拳からきたもので、どの形が後に作られたものか、容易に判断がつくのである。

董海川が、八母掌のすべてを伝えなかったのは、八母掌が八卦拳のシンボルであるからに他ならない。シンボルを完全に知られる、ということは、全体系の仕組みが分かる、ということである。心身の使い方のすべてが分かることになるのである。

欠けたシンボルでは、シンボルとしての用をなさないのも事実である。ために、いくつかの門派の八卦掌では、あまりに八母掌がシンプルであるために、いろいろと攻防の動きを足していった。こうなると、ますますシンボルからは遠ざかっていくことになる。そして、「八卦掌は、攻防においても、拳を使うことなく、掌のみで対する」などいう妄説も生まれることにもなる。実際の攻防では、使えるものを使わないでいられるような余裕はない。拳と掌であれば、ともにこれを使うのは当然であり、その一方を制限するなどといったことは考えられない。

宮本武蔵は、せっかく二刀を持っているのであれば、これをともに使うこともできるように鍛錬すべき、としていた。もちろん日本刀は、大刀にしろ、小刀にしろ、両手で一本の刀を使った方が使いやすい。しかし、あるときには二刀をともに使わなければならない場合もあるかもしれない。そのときには、二刀を使えるように鍛錬をしておく。これが武蔵の考え方であった。始めから二刀を抜いて使うようなやり方は、武蔵の兵法からして存しない。とにかく攻防においては、できる限り制限を設けない方が、自分にとって有利であることはいうまでもないことである。

本来、シンボルであった八母掌は、シンボルとしての機能を失ったときに、「迷路」に入ってしまった。形意拳の五行拳や太極拳が、こうした「迷路」に入ることがなかったのは、そのすべての形が伝えられたからであった。シンボルとしての形が伝えられれば、それが充分に機能しているかどうかは別として、なんらかのシンボルとしての力は発揮されるものである。

太極拳は、套路がひとつしかないために、よくシンボルとしての形が保たれている。その意味では、ひじょうに習いやすい門派ではある。また、シンボルとしての完成度が高いために、呉家や武家などで、動きの変化はあっても、基本的な套路の流れに違いが生まれることはなかった。これは、変えようとしても変えられなかったためである。

第三十六章

人には良いときもあれば、悪いときもある。
世の中とは、そうしたもの。
今も昔も、少しも変わっていない。
栄枯盛衰などは、とるにたらないもの。
なにか良いことを追い求めてもきりがない。
ただ、自分の内面を見つめれば、
すべてが分かる。

微細なものを見る

この章で、老子は「微明」について述べている。おおいなる道を知るには「微明」でなければならない、とするわけである。ところで「微明」といえば、楊澄甫の高弟の陳微明のことが思い出される。陳微明には、楊家太極拳に関する著作もあり、写真を見てもかなりの練習を積んでいたことが分かる。また、上海で致柔拳社という武術団体を設立して、太極拳の弟子の育成にも力を注いでいた。

陳微明の本名は曾則で、微明は号である。そして、微明なる号が、老子からきていることは明らかである。

それもそのはずで、陳微明は、清朝末期に科挙に合格するほどの文人であったのである。微明が科挙を受けたときには、同時に兄の曾寿と弟の曾矩も試験を受けており、ともに合格して話題になったという。そして、後には清の時代の歴史の編纂にも参加していた。中国では、前の王朝が終われば、次の王朝が前王朝の歴史書を編纂することになっている。清が終わって民国になったので、清の時代の歴史が編纂されたのであった。中国では、二十四の歴代の王朝の歴史を記した正史とよばれる歴史書がある。こうした事業に参加できるのは、当代一級の学者であることはいうまでもあるまい。

老子は「微明」について、

「柔弱は剛強に勝つ」

としている。これは、まさに太極拳の考え方そのものである。太極拳の修練は、けっして剛強を求めることはない。むしろ、柔弱であることを求める。それは、柔弱の中にこそ真の剛強があるからである。こうしたことを見いだすのが、「微明」なるものなのである。「微」とは、微細ということである。「明」とは、明察をすることである。明らかに知ることである。

微細なるものを明らかに知ること、これが「微明」なのである。粗大なレベルで見ていたのでは、微細なものは見えてこない。粗大な世界の中に、微細な世界の存在を知ることが大切なのである。

太極拳を知るには、こうした微細な感覚を得なければならない。これを、陳微明は分かっていて、自らを「微明」と号したのであろう。柔弱を見て、ただ「弱い」と思うのは、粗大なレベルでの見方である。一方、柔弱の中に「強さ」を知ることができるのが、微細なレベルの知覚となる。

こうした微細なレベルでの知覚を得ることを、太極拳では覚勁《かくけい》という。それが充分に体得されれば神明の境地に入ることも可能となる。神明の境地に入ると、通常の知覚では知ることのできないようなことも知ることができるようになる。それは、なにも不思議なことではない。感覚が微細になればなるほど、より広い範囲で、細かな情報を拾うことができるからである。いうならば、顕微鏡を使えば、普通に見たのでは見えないものが見えるのと同じである。

微細な感覚が、攻防においても有利であることは、もちろんである。相手の心の状態や体の細かな変化が分かれば、相手の攻撃が発せられる直前に、これに対応することができる。相手の攻撃が発せられてからでは、なかなか力やスピードに勝る相手に対処することは容易ではない。しかし、攻撃が発せられる直前であれば、抑えることは難しくない。

こうした間合いを学ぶのが、太極拳の「微明」なのである。また「微明」なる間合いは、これをおおいに日常生活に役立てることもできる。相手の気持ちをよく理解できるようになるからである。相手の気持ちがよく理解できれば、人間関係も円滑なものとなろう。

第三十七章

素朴さが失われると、よけいな働きが出てくる。

そして、欲が生まれる。

これは、静が失われたからである。

静を得て、再び素朴さを取り戻さなければならない。

シンプルであること

『老子』は、中国の神仙道や道教の世界では『道徳経』と称されることが多い。そして、上篇を「道経」、下篇を「徳経」とする見方がある。また、一方では、上篇は道《タオ》のことばかりを述べたものではないし、下篇もとくに徳についてのみ言っているのではないから、「道経」「徳経」と分けるのは適当ではない、という人もいる。上篇と下篇で、道と徳とに大きく偏ることがないのは、道の中に徳は含まれるのであり、徳の中に道が含まれるからである。

この第三十七章は、上篇の最後になる。冒頭は、

「道の常なるは無為にして、しかも、為さざるなし」

で始まる。およそ、これがおおいなる道のすべてであろう。とくになにをしようとしなくても、自

ずから、必要なことのすべてが為されているのが、道と一体となった者の状態なのである。

人の行為は、だいたいにおいて目的をもってなされる。目的のために、いろいろと準備をしたりもする。武術であれば、相手が打ってきたとき、蹴ってきたとき、組み付いてきたときなど、いろいろとパターンを想定をして準備をする。

しかし、老子は、そうした準備は必要ないという。日本でも、中国でも、古い武術では、あまりに技が多くなりすぎて、多くの技を覚えるだけ、忘れないでいるだけに、努力の大半を費やしてしまうといった、おかしな現象も起きている。

こうなると、多くの技を知っていても、個々の技の精度が高くないので、実戦では使えない、ということになりかねない。打っても効かない、突いても相手は倒れてくれないでは、とても実戦の役にはたたない。老子は、我々の生活においても、全般的にこうした現象が起きている、と教えているのである。我々は、あまりによけないことをしてしまっており、ために本質が見えなくなっている、というわけである。

「欲せずして、もって静たれ」

老子は、よけいな欲望は持たないで、「静」を保て、と教えているのである。老子は、こうした状態を「樸《はく》」という。「樸」であれば、「無欲」でいられるし、「無欲」であれば、「静」を保つことができる、とするのである。

この境地を得るには、ただひたすらに、日々怠ることなく太極拳を練ることである。そうすれば、自ずから心身に「静」を得ることができる。「静」が得られれば、心や体がよけいな働きをすることがないので、自ずから「無欲」となることができる。こうして「樸」の境地に入ることができるようになるのである。

おおいなる道の修練とは、自分にとって、もっとも大切で、欠くことのできない最小限のものはなにかを見いだすことなのである。そして、必要のないものを、捨てることである。これを「無欲」という。老子の言う「無欲」は、まったく欲がない、ということではない。よけいな欲を持たないということなのである。

我々は、よけいな欲を持たないからこそ、自然と一体となって生きていくことができるのである。およそ自然には、むだなものなど、ひとつもありはしない。そして日々に変化をして止まることがない。人が変化にあがらうのも、執着というよけいな欲があるからである。ただ、我々は「樸＝シンプル」な生活をすることで、自然の変化の流れにのった、いちばんの心の平安を得ることができるのである。

第三十八章

もともと、心に穢れなどはない。
道を修する者は、強いて自らの心に穢れを求める必要はない。
大切なことは、本来の自分に帰るということ。
こまごまとしたことは悩まない。
穢れを持っていると思う心そのものに、
とらわれてはならない。

「つつしみ」を修する

『老子』の下篇は、徳の説明から始まる。

「上徳は、徳ならず」

「下徳は、徳を失わず」

こうした言い方は、上篇の冒頭でも見ることができた。

「道の道とすべきは、常の道にあらず」

徳も、一般に道と考えられているのが、本当の道ではないのと同様に、一般に徳であると思われているようなことは、おおいなる道の徳ではない、とするわけである。

老子は、おおいなる道の徳について、次のようにも説明している。

「その実《じつ》におりて、その華《か》におらず」

中国武術では「華拳繍腿《かけんしゅうたい》」の語がある。これは、派手なだけで、実際の攻防に使えない動きを批判するときに言われる。老子も、こうした虚飾にみちたものは、徳のないものであるとしているわけである。また、虚飾とはむだのことでもある。よけいなものを持たないのが、おおいなる道である。その観点からしても、虚飾とおおいなる道の徳とは、相容れないものなのである。

儒家派の神道では、日本の神話を研究して、そこに「つつしみ」の徳のあることを見いだした。そして、これは土徳であり、これが日本神道の重要なる教えである、と考えたのである。儒家神道の一派である垂加神道などでは、こうした教えを「土金《どこん》の伝」などとしてまとめている。

「つつしみ」の徳は、淤能碁呂島《おのころじま》の生成に見ることができる。神話の伝えるところでは、淤能碁呂島は以下のようにしてできたとされている。

伊邪那岐、伊邪那美の神が、天の浮橋に立って、天の沼矛《ぬほこ》で海をかき回した。そして、矛を上げると、その先から潮がたれた。それが固まってできたのが、淤能碁呂島であるとされるのである。また、淤能碁呂島という名称そのものも、「自ずから凝る島」であり、自然と凝固してできた島であるとされている。

自然に凝固するときには、エネルギーは、内に向かっていなければならない。「つつしみ」も同じである。心身のエネルギーが内に向かっているのが、「つつしみ」の状態である。この徳は、つまりは島の生成、「土」の中から生まれて来ている。ために「つつしみ」は、土徳にあたるとされるのである。

合気道の植芝盛平も、合気道は日本神話に示されている島や国の生成を習うことである、と教えていた。当然その根本となるのは、「つつしみ」であるといえよう。太極拳でも、神の内斂を説いている。内斂とは、意識のエネルギーである神が、内へと収斂することである。これも「つつしみ」である。

「華」を咲かせるエネルギーは外に向かっている。一方で、「実」をつけるエネルギーは内へ向かっている。おおいなる道である「実」を得るためには、心身のエネルギーを内へと向けなければならない。「つつしみ」の気持ちがなければならないのである。

第三十九章

すべての存在は、本来的にはひとつのもの。

それぞれに違いなどありはしない。

一歩下がって、生きていく。

これが「一」を抱いて生きるということ。

「一」を得る

この章で、老子は「一」を得ることの大切さを述べている。

「一」とは、「すべてがひとつ」ということである。すべての存在が、連関性をもって存在している、ということである。また、それはあらゆる存在が、おおいなる道という「一《ひとつ》」に還元されるということでもある。

老子は、「一」を得た状態を「清《せい》」「寧《ねい》」「霊《れい》」「盈《えい》」「生《せい》」「貞《てい》」として形容している。

つまり、「一」が得られたならば、清らかであり（清）、安らかであり（寧）、不可思議でもあり（霊）、満ちたりている（盈）のである。また、生成の働きを持ち（生）、正しくある（貞）ことができる、とするのである。

もちろん武術の修練においても、「一」を知ることは大切である。「一」を体得するシステムを有していない武術を修練しても、その人の心身は、大宇宙の動きに同調することはない。こうした状態であれば、けっして心身の安らかさ（寧）を得ることはできないのである。

攻防を主たる目的とする武芸には「一」を体得するといった考え方はない。それは攻防が、おおいなる道に反するものであるからである。一方、和合をベースとする太極拳などの道芸を修すれば、おおいなる道とひとつになることができる。道芸とは、「道《タオ》の芸《わざ》」の意である。芸とは、道を体得するためのシステムのことである。

八卦拳では、羅漢拳（六十四掌）から、八掌拳（八卦掌）・八母掌、四象拳、両儀之術、走推掌へと、複雑な動きから素樸な動きへと、動きを還元させていく。これは六十四から八、四、二、一へといたる還元のシステムである。

多くの八卦拳、八卦掌の名人たちが、最後にたどり着いた練功法が、走推掌（単換掌といわれることもある）であった。ただ、ひたすら半身の構えをとって円周上を歩くことに専念したのである。これは、八卦拳における「一」の認識を得たからに他なるまい。

太極拳ではただひとつの套路を練って、八卦拳のような段階を設けていない。数十もの動作を含む太極拳の套路は、一見すると多くの技のつらなりのように見えることであろうが、最後には、一連の「ひとつ」の動きへと還元される。

八卦拳の走推掌は、ひとつの動きをひとつのシンボルとしている。一方、太極拳では、一連の動きをひとつのシンボルとしてとらえるのである。一連の太極拳の套路が、「ひとつのもの」と感じられたとき、その人の心身は「一」へと還元されている。

「一」への認識は、教えようとして、教えられるものではない。しかし、分かる人であれば、修練を積む中で、なんらかの機縁を得て、自ずからに気づくものでもある。かつての多くの達人たちが、好んで八卦拳の走推掌や太極拳のただひとつの套路を練ったのは、それが「一」に通じるものであったからに他ならない。

第四十章

出会うべき師には、自ずから出会えるもの。
しかし、人の世では大いなる道が、
十全には働いていない。
むやみに修行を始めても、
大いなる道を知ることはできない。
君は知っているであろうか。
美酒に酔うには、美酒の必要なことを。
それには、美酒の醸されるときを待たねばならぬことを。
時機を得ることなく、むやみに修行をしても、
おおいなる道を知ることなどできはしない。
時機を得て修行は、始めるもの。
そうすれば、おおいなる道と簡単に、ひとつになれる。
おおいなる道と、ひとつになって、虚の世界に入る。
そして、老子と同じく永遠の命を得て、
自らも、また出会われるべき師となるのである。

「柔」と「剛」、「硬」と「軟」

八卦拳は、硬掌といわれている。昨今では、「硬い」というのを嫌う人もいるが、八卦拳は硬掌でなければ、勁を発することはできない。「硬い」というのを嫌う人は、硬掌がただ硬いだけであると考えているからであろう。

いうまでもないことであるが、硬掌の「硬」には「軟」も含まれている。また、「柔」をいう太極拳には、「剛」が含まれる。システムとして、八卦拳では「硬」をベースにしなければ、「軟」を使いこなすことはできない。太極拳では「柔」をベースにしなければ、「剛」を有効に用いることはできないのである。いうまでもないことであるが、「剛」をベースにした太極拳は、陳家砲捶や通臂拳といった太極拳でないものになってしまう。

老子は、この章で、

「反は道の動なり」

と言っている。「道の動」とは、おおいなる道の動きということである。おおいなる道における「動」は、「動」から生まれるのではなく、その「反」つまり反対であるところの「静」から生じる、と言っているわけである。これは太極拳の考え方とまったく同じである。太極拳では、「静」をもとにして「動」を得る。心が「静」の状態になったときに、はじめて本当の太極拳の動きができるようになる。いまだ心に「静」を得ていないときの動きは、真の意味で太極拳として動いているとはいえないのである。

老子の教える、おおいなる道の働きである「反」は、八卦拳の「硬」や太極拳の「柔」においても、同様のことがいえる。

八卦拳では、「硬」により「軟」を得る。これが八卦拳の奥義である纏綿掌《てんめんしょう》である。八卦拳も、奥義に入ると「まつわりつく綿」のような柔らかな境地を得ることになる。昨今の八卦掌では、「硬」を嫌って、ひたすら「柔」をいう人が多いが、これでは八卦拳を身につけることはできない。ただ軟らかく、クネクネと体を動かして、これが龍身であるとするのはまったくの誤りである。また、こうした「龍身」では、そこに攻防の理を見いだすことはできない。八卦拳の「龍身」は纏綿掌によらなければ、得ることはできないのである。

また、昨今の太極拳でも「柔」が重視され、「剛」が説かれることがない。しかし、太極拳の「柔」も、本当は「剛」を知らなければ分かりはしないのである。ただ、「硬」や「剛」の修練は、容易ではない。かなり細かな心身の調整が必要となる。

こうした修練法は、近代になって太極拳や八卦拳（八卦掌）が急速に広まって行く過程で、忘れられてしまったようである。それは、八卦拳の「硬」の鍛錬や太極拳の「剛」の鍛錬は、どうしても個人単位の伝授でしか教えられないからである。

老子は、おおいなる道のシステムとして「反」をあげている。この「反」のシステムを使わなければ、本当のものは得られない、と教えているのである。同様に神仙道では、神仙道を「逆」の修行法として説いている。老子の教えも神仙道も自然を重視するのであるから「順」のように思われるが、そうではない。「反」や「逆」を知らなければ、本当の自然のシステムを体現することはできないのである。

太極拳、八卦拳などの道芸のシステムでは、おおいなる道と同じ「反」のシステムが使われていることを知らなければならない。「柔」だけ、あるいは「硬」だけを見たのでは、本当のことを体得することはできないのである。

八卦拳では、「硬」を底力(定力)であるとする。ベースになる力ということである。太極拳では、「柔」が底力である。底力を練ることで、八卦拳は「硬」から「軟」を練りだし、太極拳は「柔」から「剛」を得ることができるのである。

第四十一章

どのような荒波も、
自ずから静まるもの。
おおいなる道の教えは、
修行者を偽ることはない。
たとえ危機が訪れても、
それは一夜の嵐のようなもの。
明けてしまえば、春の朝《あした》が訪れる。

日常生活と修行

老子は言う。

「上士は、道を聞けば、つとめてこれを行う。

中士は、道を聞けば、存するがごとく、亡するがごとし。

下士は、道を聞けば、おおいにこれを笑う」

優れた人物が、おおいなる道へといたる教えを聞いたならば、すぐにそれを実践しようとする。しかし、普通の人であれば、とくに関心を示すこともない。劣った人なら、なんのことか全く理解できず、おかしなことと思って、笑ってしまう、というのである。

せっかく太極拳に出会っても、とくに興味を持たない人も多いことであろう。また、太極拳などは、たいした運動にもならない、と考える人も少なくないのではなかろうか。あるいは、ゆっくり動く様子を見て、おかしく思う人もいるかもしれない。

「笑わざれば、もって道となすに足らず」

老子は、こうも述べている。ここで、老子が重ねて「笑う」ということを強調していることに留意する必要がある。劣った人は、おおいなる道に出会っても、それを理解することができないのであるから、あるいは笑うこともあろうが、怒ることもあるかもしれない。しかし、老子は、おおいなる道に出会った愚かなる人は、必ず笑うというのである。

それは、おおいなる道には、心地よさがあるからである。おおいなる道が、万人に与える感じは、春の風やほろ酔いの気分にたとえられる。こうした心地よさが、おおいなる道にはあるのである。そうであるから、物事を理解する能力の劣っている人でも、これに触れて怒ったりすることはないわけである。

老子は、おおいなる道というものは、よくは分からないが、なにかしら楽しいものである、と言っているのである。八卦拳では、こうした楽しさのことを「滋味」という。はじめはなかなか、滋味というような深い楽しさを感じられないかもしれないが、心身の状態が整ってくると、しだいに深い味わいが分かるようになる。

太極拳の優れているところは、レベルに応じて、なにかしらの心地よさを感じることのできるところである。リラックスして、ゆっくり動くということは、ひじょうに大きな発見であったのであろう。二十四式や四十八式太極拳など、編成に問題があると思われるものでも、なにかしらの心地よさは感じられる。

しかし、おおいなる道へといたるレベルの高いエクササイズでないものは、心地よさや楽しさが、一定の段階から深くなることはない。そこで、二十四式を覚えたら、四十八式そして八段錦など、いろいろな動きを覚えることに関心が向くようになる。

鄭子太極拳は、わずかに三十七式であるが、台湾などには、これを数十年、一日も欠かすことなく練っている人が多数いる。わたし自身も、日々に実感していることであるが、太極拳の心地よさは修行を重ねるほどに、深くなっていくのである。そして、修行が深まれば深まるほど、いろいろな違った心地よさを体験することができるようになる。

太極拳で体験できる心地よさや、楽しさは、個々人によっても違うし、稽古の深まりによっても同じではないのである。長い修行の中で、あるいは生きていく中で、いろいろなことを体験して、また太極拳も深いものとなる。こうした日常の生活とひとつになった修行は、じつに興味のつきないものであるし、これが、おおいなる道とひとつになる修行でもあるのである。おおいなる道とひとつになった修行とは、太極拳と日常生活がひとつになって始めて実践できるのである。

第四十二章

あまりに動きすぎるものは、
すぐに衰えてしまう。
おおいなる道とひとつになったものでなければ、
長続きはしない。
おおいなる道の気である和合の気は、
調和をもたらす。
これこそが、永遠なるもの、
おおいなる道の働きそのものである。

「沖気」を得る

太極拳において、套路を学ぶとは、自分に套路というアイテムを増やすことではない。套路を学ぶことで、必要のないものを捨てることが目的なのである。人は生きているうえで、多くの必要のないものを持ち過ぎている。套路に示されているのは、おおいなる道と一体となったときの呼吸であり、動きである。これを行うことで、よけいなものが自然と落ちていく。

老子は、言っている。

「つねに、これを損じて、しかも益す」

「つねに、これを益して、しかも損す」

おおいなる道とひとつになれば、不必要なものは無くなり（損）、必要なものだけが増やされる（益）。また、套路のようなものを学ぶこと（益）で、おおいなる道とひとつになり、不必要なものを捨てる（損）ことができるようになる。

人は本来、おおいなる道とひとつなのであるから、「つねに、これを損じて、しかも益す」という状態にあるはずなのであるが、実際はそうはいかない。そこで、ことさらに修行をする必要があるのである。それが「つねに、これを益して、しかも損す」である。おおいなる道の修行は、老子のころから形を変えて今日まで伝えられてきた。太極拳も、そのひとつである。

老子は、おおいなる道とひとつになったときのエネルギーの状態について述べている。それは「沖気」である。

「沖気をもって、和をなす」

「沖」には、渦巻く水の意がある。螺旋の動きである。また、老子は、

「万物は、陰を負い、陽を抱く」

とも、教えている。この陰陽が、螺旋の動きにおいて交わっているのが、おおいなる道の姿である、というのである。これは、太極拳のエネルギーの象徴である双魚図においても、たがいに追いあう二匹の魚によって、「和」と「渦」の沖気の状態が示されている。

植芝盛平も、森羅万象の根元には、螺旋の動きのあることを感得していた。そして、それを高御産《たかみむ》巣日《すび》の神、神産《かみむ》巣日《すび》の神の働きと考えていたのである。高御産巣日の神、神産巣日の神は、『古事記』神話の冒頭に出てくる天《あめ》の御中主《みなかぬし》の神に続いて出現した神で、これを盛平は、陰陽の「むすび」の現れとしていたのである。

八卦拳では、走圏という円周上をひたすら歩く練習を第一としている。かつての名人上手といわれた人たちは、もっぱら走圏を練っていた。

走圏で得ようとするもの、また練ろうとするものは、「螺旋の感覚」である。老子が語り、植芝盛平も感じていた「螺旋の感覚」である「沖気」を得ることで、人はおおいなる道とひとつになれるのである。

「螺旋の感覚」とは、「変移の感覚」でもある。この世のあらゆるものは、変移をする。これを感じることである。釈迦も、あらゆるものは変移して止まることがない、と教えていた。変移するものを、変わらないものとして捉えようとするところに、人の苦しみが生まれる、と釈迦は教えたのである。そして、あらゆるものが、変移をするということを、「空」といった。人は、空を悟ることで、あらゆる苦しみから解放されるとしたのである。

「沖気」の感覚とは、調和の感覚であり、変移の感覚でもある。いうまでもないことであるが、「易」とは、「変移」という意味である。鄭曼青は、「推手がうまくなりたかったら『易』を読め」と、教えていた。これは、「変移」の感覚を得よ、ということである。つまり、沖気を開くことが、太極拳の上達の鍵であると教えていたわけである。

第四十三章

無というものは、どこにでも存することができる。
柔らかであれば、どのような固いものでも、
それに合わせて、形を変えることができる。
聖人は、無為である。無であり、柔である。
そうであるから、自然のままで、
なにともぶつかることなく生きていける。

無為の益

老子は、この章で「至柔」が「至堅」を制する仕組みについて述べている。もっとも堅固なものを、どのようにしたら、もっとも柔らかなものが、制することができるのか。それは、「すき間に入る」ことであるとするのである。どのような堅固なものでも、どこかに必ず、すき間はある。そこに入り込めば、柔をもって堅を制することができる、というのである。また、すき間に入ることができるのは、柔であるからこそであるとする。

太極拳で、推手を練るのは、相手の心身の「すき間」を制することができるようになっているかを

知るためである。ただ推手を多く練れば、相手の「すき間」を制することができるようになるのではないことは、充分に知っておかなければならない。攻防に興味のある人は、套路の修練をおろそかにして、もっぱら推手のような相手をつけての練習をしようとする。しかし、これでは真の意味での太極拳の上達は見込めない。当然のことであるが、推手もうまくはならない。

推手に長じようと思うのであれば、推手を練ってはならない、とも言えるのである。老子も、

「不言の教え、無為の益は、天下これに及ぶものなし」

と、している。「無為の益」とは、しないことによってこそ始めて得られる「益」のことである。推手に長じる、といった「益」を得ようとするならば、推手を練習してはならない、ということになるのである。つまり、「無為」でなければ、相手を制するといった「益」も生まれてこないのである。

推手で相手を制しようとすれば、どうしても「有為」の気持ちが出てしまう。しかし、套路を練るのであれば、攻防などを考えることなく、ただ「無為」で動くことができる。老子は、こうした心身の状態でなければ、本当に「益」となるものは得られない、と教えているのである。よけいなことを考えないで、ただ套路を練ることで、微細な感覚を育てることができる。滞りのない働きをする心身を得ることができるようになるのである。これができれば、推手は自然に上達する。これは、ひとつの「無為の益」である。

套路を練ることで、微細な感覚を育て、ときに推手で、それを確認をしてみる。そして、相手がいてもいなくても、同じく心身の状態が保たれているようになれば、その人は「至静」を得た、といえる。「至静」を得るとは、どのような状態でも、自分の持っている能力が最大限に発揮できる、という

ことである。人は緊張があると、持っている能力の多くを発揮できなくなる。これをなくそうというのが、太極拳の鍛錬の大きな課題なのである。

老子は「無為の益」を「天下これに及ぶものなし」としている。これは太極拳では「至静」を得ることで、生活全般がうまくいくこと意味するのである。不適切な緊張がなければ、心身も健全であることができるであろう。そうなると人生全般が、うまくいくようになるのである。いわゆる「運気があがる」ということである。真の太極拳の修行によって得られる「無為の益」とは、さほどに偉大なものなのである。

第四十四章

うまい酒も、ときには災いのもととなる。
川に浮かぶ羊の皮でできた浮き袋は、
むりに捕まえようとすれば、ますます逃げてしまうもの。
得ようと思うものは、えてして得られないもの。
年老いて、若い者を、うらやましく思ってもしかたあるまい。
ただ、執着をなくせば、心は安らかでいられる。

「未発」の勁

鄭曼青は、百八ほどもあった太極拳の動作を、三十七にした。これを、鄭曼青は「簡易式」と称した。一方で、簡易式を学ぶ人たちは、これを尊んで「鄭子太極拳」とよんだのである。鄭子の「子」は、老子や孔子と同じく、聖人ともいうべき人に付す尊称である。

これは、ほかの太極拳が、楊「家」であるとか、呉「家」あるいは、楊「氏」などと言われるのと大きく違っている。それには、いろいろな要因があるであろうが、その第一にあげられるのは、鄭曼青の太極拳が、文人拳として、高度なレベルで編纂されている、ということがあげられよう。

近代になって太極拳が、広く注目される理由に、文人拳としてのそれがあった。文人拳とは、武人ではなく、学問をする文人の学ぶ拳ということである。また、文人拳は攻防を前面に出さない拳ということもできるであろう。あるいは養生の拳ということも可能である。「養生」というと、日本では、病気の療養のように感じられることであろうが、中国では主としてスローライフ的な生き方を行うこととして、養生がとらえられていた。

養生では、心と体の健康を保持して、楽しく人生を送ることを考える。

「名と身と、いずれが親しき」

「身と貨と、いずれが多とす」

このように老子は、問いかけている。すなわち、

「名誉と健康の、どちらと仲良くすべきなのか」

「健康と金銭は、どちらが価値があるのか」

このように老子は、問うのである。人は、ともすれば、名誉や金銭の方に、気持ちがとらわれて、健康のことを忘れてしまう。そうした目先のことしか考えない生き方は、おおいなる道に外れるものである、と老子は教えているのである。それなら、どうしたらよいのか。

「足るを知る」

「止まるを知る」

老子は、この二つを、おおいなる道とひとつになった生き方の指針としてあげている。そして、最後に、こうした生き方をしていれば、

「もって、長久なるべし」

と、むすぶのである。「長久」とは、「天長、地久」であり、天地と同じく生きられるということであるが、実際には、天寿をまっとうできる、ということである。

「足るを知る」

「止まるを知る」

とは、中庸を知る、ということである。「適度なところで満足して、むやみに不満を持たない」ということであり、「過度にならないような止めときを知る」ということである。これらは、そうじて過度にならないことの大切さが述べられているのである。

太極拳の「未発」の勁は、老子のこうした考え方を、そのままに示すものなのである。よく一般の人が、太極拳を見て、「これで攻防に使えるのか」と疑問を抱くが、これは太極拳の勁が、未発であるからにほかならない。

勁が出ていないのであるから、攻防の姿が想像できない、ということになるのである。太極拳では、勁を発するのは、必要なときだけと考える。相手がいて、攻防になって、適切なときに、はじめて勁は発せられるのである。そうであるから一人で演ずる套路をみても、勁の発せられることはない、ということになるわけである。そして、これが太極拳におけるおおいなる道の修練なのである。

一方で、同じく「太極拳」と考えられている陳家砲捶（陳家太極拳）では、随所で勁を発する動作がある。これは、太極拳とまったく異なる点である。かつては陳家砲捶には、発勁があるので実戦的であり、楊家には発勁がないので実戦的でない、などという人もいたが、これは太極拳の根本を知らないからである。太極拳における「未発」をまったく理解できていないからである。「足るを知る」といっても、必要なものがないのでは仕方がない。「止まるを知る」といっても、適当なところに行き着かないのでは、どうしようもない。ここで老子は「知る」と言っている。それは、もっとも適切な「足る」であり「止まる」を、充分に理解しなければならない、ということなのである。

これは、仏教でいう空智であり、錬金術でいう賢者の石と同じである。おおいなる道を少しでも感得できたならば、偉大なる智慧への端緒が得られるのである。神仙道では、こうしたことを「還精補《かんせいほ》脳《のう》」という。「精」とは、肉体のエネルギーである。それを還して脳を補う、というのである。これは、おおいなる道の修行をする過程で、脳の働きが変わることをいっているのである。心の状態が、変わることをいっているのである。

おおいなる道とひとつになれば、勁を発しなければならないとき、つまり機が分かるようになる。そして、必要なときに勁は発せられるのである。套路の中で、やたらに勁を発するのは、足るをしらない行為であり、止まるを知らない行為なのである。足るを知る、止まるを知ることとして、太極拳の「未発」はあるのである。

第四十五章

花をめでるのは、咲く前がよい。
年老いてしまってからでは、
若さを取り戻すことは難しい。
できれば早く、
おおいなる道を知り、修行を始めたいもの。
満開の花は、ただ散るのみ。
風雨にあたれば、散り散りとなってしまう。

「清」と「静」

この章で、老子は、おおいなる道を「清静」をもってたとえている。

「清静なるは、天下の正たり」

つまり、「清静」とは、この世界において、正しいことなのである。人は、清らかで、静かな状態にあるのが、あるべき姿である、と老子は説くのである。

太極拳では、「鬆浄」あるいは「鬆静《しょうせい》」をいう。これは「浄」も「静」も、中国語では、同じく「チン」であることと、どちらでも意味が通るからである。

「鬆」とは、適度なリラックス状態にあることである。ただ、これは、たんなる脱力ではない。むやみに力を入れるのはよろしくないが、またあまりに力を抜きすぎるのも、正しくはない。

鄭曼青は、太極拳の掌の形を、「美人掌」と言っていた。これは、適度な脱力と、指がまっ直ぐに伸びるくらいのテンションが必要であることを、象徴的に示すものである。よく、あまりに力を抜きすぎて、指が曲がっている人もいるが、これでは気血が正しく巡らない。

よけいな力を抜くのは、心身を静めるためである。こうした静める作用は、神仙道では「水」の働きとされる。一方、適度にテンションをかけることで心身を活性化させるのは、「火」の働きである。太極拳を練るときでも、重要なのは、こうした「水」と「火」のバランスなのである。

あまり力を抜きすぎて、「水」の作用ばかりが大きくなると、「火」は消えてしまう。活力が失われるのである。こうした太極拳では、もちろん攻防に使えはしないし、健康にもよろしくない。反対に「火」の作用が強すぎると、「水」は蒸発してしまう。こうなると、心は落ちつきをなくして、体調も整うことがない。

「気」とは、「氣」であり、「米」を炊くときの水蒸気をあらわすものであった。適度に水蒸気を発生させるには、「水」と「火」が一定のバランスを保っていなければならない。この一定のバランス状態を、太極拳では「鬆」というのである。「鬆」であれば、「浄」も「静」も、ともに得ることができるのである。

「浄」とは、浄化のことである。心身の状態が整えば、自ずからよけいなものは落ちていく。「正（自然であること）」と「邪（自然でないこと）」の区別も、自ずから分かるようになる。正邪の区別が見えなくなるのは、自分に欲望があるからである。欲望は、執着から来ている。執着は、緊張を生む。そこで、「鬆」を得て、適度なリラックスができれば、過度な緊張はなくなる。

過度の緊張がなくなれば、ものごとに過度に執着することもなくなる。過度の執着がなくなれば、過度の欲望も、また生まれることはないのである。

「静」は、神道でいう鎮魂と同じである、とすることができる。これは、日本人だけではなく、世界のかなり広い範囲で見られることであるが、かつて病気は、人の霊魂が肉体を離れることで生じる、と考えられていた。そこで、鎮魂の呪術を行って、離れ行く、あるいは離れてしまった霊魂を、ふたたび肉体に呼び戻そうとしたのである。鎮魂は、日本では「たましずめ」と読ませている。これは「静」の状態を得ることで、離れて行く霊魂を、呼びもどすことができる、と考えたからである。

植芝盛平は、「合気道は鎮魂である」と言っていた。これも、合気道が、太極拳と同様に「鬆浄（静）」を得るためのエクササイズであるためである。適度なリラックスと緊張の状態にある「鬆」が得られたならば、「浄」や「静」が得られるのである。これは老子の言う「清」と「静」と同じである。

第四十六章

欲望は、心を乱す。
清浄、無為であれば、自然とひとつになれる。
どれくらいの人が、自らの足るを知って、
心やすらかな生活を送ることができているのであろうか。

足るを知る

中国武術の門派は、それぞれに武術の独特なシステムを持っている。

太極拳・十三勢は、始祖である張三豊が、カササギと蛇の争う様子を見て考案したとされている。蛇に巻かれたカササギは、一気に羽を広げて蛇を断ち切った、というのである。これは、太極拳独特の力の使い方である、抽絲勁《ちゅうしけい》をそのまま表すものである。

太極拳では、ある程度、相手に攻撃をさせておいて、それを逆手にとって、こちらはさらに優位にたとうとする。カササギと蛇のエピソードにしても、蛇がある程度、完全に巻き付いてくれないと、力を発したときに、それが相手に充分に作用しない。相手の攻撃をいったんは受け入れるのが、太極拳独特の攻防のシステムなのである。

どの門派も、時間の経過と共に技が増えていってしまう。時々の拳士が工夫した技が加わるからである。こうして長い時間がたつと、修行者は、套路を覚えるだけで、相当のエネルギーを費やさなければならなくなる。そうなると技の習熟に力が割けなくなるので、摘要拳なるものが考案される必要が生まれてくる。摘要拳とは、重要な技を摘出、抽出した套路である。これにより、重要な技のみを繰り返して修することが可能となる。

何度も繰り返して技を練習することが、技のレベルを高めるのに必要であることはいうまでもあるまい。しかし、技を熟させるには、ただ繰り返して練習する、というだけでは不十分なのである。門派のシステムにおいて、その技がどのような「位置」にあるのかを知っていなければ、技を熟させることはできないのである。

技を熟させるには、自分とシステムと技とのあいだで、微妙な調節をしなければならない。これを、かつては「功」「法」「形」と言った。「功」とは、自分の修練である。「法」とは、門派の始祖が編み出した独自のシステムである。「形」とは、熟させようとする動きである。これら三つが適切に働いたときのみに、技を熟させることが可能となるのである。

適要拳を作るときに重要なことは、システム全体の構成を崩さない、ということである。ただ適当に技を選んだのでは、たとえ技を繰り返して練習をしたとしても、ほとんど意味がない。それは技の働くべき流れの中に技がないからである。たとえて言うなら『源氏物語』なら『源氏物語』のフレーズを適当に取り出してならべても、『源氏物語』がなにを書いているのか、まったく分からないのと同じである。

あくまで摘要拳を作る場合には、それが根本となるシステムを反映するものでなければならない。門派の拳を練るのにもっとも重要なことは、根本システムの習得にあるからである。技が熟するというのは、ひとつの技の中で、自分の心身を用いて、充分に門派の根本システムを働かせることのできる状態なのである。

老子は、おおいなる道を修するうえで、

「足るを知らざること」

「得んと欲すること」

を、もっとも好ましくないこととしている。「適当なところで、満足することがない」「充分あるのに、さらに求める」このようにして、人があまりに多くを得てしまうと、見えるものも見えなくなってしまう。これでは本末転倒であろう。自分で本当に必要なものはなんであるのか、をよく考えてみなければならない。そして、必要以上のものは、得ないようにすることである。

おおいなる道とは、おおいなるシステムのことである。我々が、このおおいなるシステムに通じるためには、なるべくよけいなことをしてはならない。これが、老子の教えである。

あまりに複雑になったシステムは、それ自体が機能しなくなり、崩壊してしまう。本質から遠いものを、多く含んでしまったからである。鄭子太極拳は、いうならば、太極拳の摘要拳である。鄭曼青は、かつ張三豊の時代の太極拳・十三勢を再現しようとしていたのであった。いろいろな太極拳に触れ、かつ長く鄭子を練っていると、どうやら鄭曼青は、かなり正確に張三豊の時代の拳を再現しているのではないか、という思いが深まってくる。

おおいなる道とひとつになったシステムは、普通の人にとっては、物足りないくらい簡単で、単純である。しかし、本当に必要なもののみを得なければ、それを熟させることができない。システム全体をひとつのものとして動かし、自分がそれとひとつになることができなくなるのである。おおいなる道とひとつになることができなければ、心安らかに暮らすことはできない。

第四十七章

鏡は青銅で作られる。

これを、磨かなければ、何も映しはしない。

磨けば、鏡はきれいになる。

そして、この世のすべてを映しだす。

久延毘古の法

この章で老子は、不可思議なことを述べている。

「戸を出《い》でずして、天下を知る」

ただ、家の中にいて、天下の動静を知っている、というのである。また、

「その出ずること、いよいよ遠ければ、その知ること、いよいよ少なし」

ともいう。遠くに行けば行くほど、知ることのできることが少なくなる、というのである。

こうした老子の言からは、日本神話に出てくる久延毘古《くえびこ》のことが思い出される。久延毘古は、なんでも知っている智慧の神である。しかし、どこへも行くことはない。それは久延毘古が、カカシであるからである。

現在では、ほとんど見ることもなくなったが、かつては田の畦には、いろいろなカカシが立っていた。カカシは十字に組んだ棒に顔をつけ、衣服を着せたものである。当然のことに歩くことはできない。歩くことはできないが、あらゆることを知っている神が、カカシである久延毘古なのである。カカシは、後には雀などを追い払うために立てられるのであるが、本来は田の神の依り代であった。つまり、カカシ・久延毘古は、田の神であったのである。神であるから、あらゆることを知っていると考えられたのである。

田の神とは、稲の神である。そして、久延毘古に、すべてを知る神としての信仰があったことからすれば、かつては久延毘古が、すべてを統べる最高神とみなされていたことがあったのではないか、と思われるのである。田の神とは、つまりは稲の霊である。大嘗祭は、稲の霊を、新たに天皇となる人に付ける祭祀である、といわれる。最高の王権を保証するものが、田の神＝稲の神であったのである。しかし、久延毘古は神話では、高い位の神とはみなされていない。それは、おそらくは大和朝廷以外で祀られていた神であったからであろう。こうした忘れられた神のことを、「落ちぶれ神」という。

久延毘古とは、既に失われた日本神道の最高神であった可能性が高い。国学者の平田篤胤は、密教の修法を参考にして、久延毘古の法を作ろうとしていた。篤胤も、大和朝廷の天照大神を中心とする神々の体系とは、別な太古の神の系統のあることを感じていたのである。

ここで老子が説いていることからすれば、老子も「久延毘古」と同じものを、おおいなる道として見ていたことが分かる。つまり、老子の説いていることは、太古の神法と同じことなのである。かつて篤胤は、今に伝わる日本や中国やインドなどの神話の底流には、太古の神体系があった、と考えていた。

神話学などでは、世界の神話に共通するパターンのあることが知られている。篤胤は、日本の神話が、もっとも失われた太古の神体系に近いものとして、『古史伝』を編むのであるが、日本の神話がもっとも完全な形である、と考えるのは篤胤の感性によるものであった。これは賛否の分かれるところであるし、こうした日本独善主義のような見方が、あまりに強調されたために、近代以降に国学が大きく発展することがなかったのである。

老子は、失われた日本の神体系につらなるような教えを説いていた。また、太極拳で示されている思想は、これまでに見てきたように、老子の考え方と同じである。そうすると、我々は太極拳を中国の武術云々ということだけではなく、太古の日本の神体系につらなるものとして受け取ることが可能となろう。

日本での太極拳の歴史は、ごく浅いが、これほどまでに、老若男女を問わず、多くの人に受け入れられるのは、やはりなんらかの日本の伝統とつながるものがあるためではなかろうか。太極拳を修することは、いうならば久延毘古の法を修することでもある。太極拳でいう神明の境地とは、つまりは神秘なる智慧の得られる境地なのである。

第四十八章

もともと有もなければ、無も存してはいない。
ことさらに穢れなき、おおいなる虚などを求めてはならない。
ただ自然の妙用にまかせればよい。
川は流れ、月は空に輝く。
ただそれだけのこと。

川はながれ、月は空に輝く。
しかし、こうしたものも、仮の姿。
自然の姿の中に「無」を悟る。
道を修しようとして、いくら本を読んでみても、こうしたことは分からない。

「形」を超える

老子は、「学」の修練と、「道」の修練の違いについて、次のように述べている。
「学をなせば、日に益《ま》し、道をなせば、日に損《へ》る」

学問というものは、日々にいろいろなことを覚えていくものであるが、道の修練は日々、よけいなものを捨てることにある、というのである。

武術の世界でも、複数の門派の技を覚えれば、より多くの場面での対応が可能となる、と考える人もいる。たとえば、遠い間合いでの攻防に有利な門派の技と、近い間合いでの攻防に有利な門派の技を、ともに覚えれば、遠近どちらの間合いにも対応できる、と考えるわけである。

しかし、注意しなければならないのは、近い間合いで働くシステムと、遠い間合いで働くシステムは、同じではない、ということである。違ったシステムを、一人の心身の中に組み入れることは、けっしてシステムの効率的な運用にはつながらない。それは、かえって混乱をまねくことにもなりかねない。太極拳のような近い間合いの攻防を主とする武術には、相手を近い間合いに導き入れる戦法がある。一方、形意拳のような遠い間合いを使う武術では、近い間合いでの攻防を、いうならば「裏技」として教えられる。それは、遠い間合いでの攻防が充分に習得されていない段階で、近い間合いの動きを入れると、遠い間合いを使う形意拳というシステムがうまく作れないからである。

八卦拳などでは、円周を歩く走圏を、ひたすら練る人がいる。太極拳でも、ひとつの套路を、十年、二十年と練る人がいる。いろいろな門派の武術を学ばなければならない、と考えるのは、老子の言う「学」のレベルである。これに対して、走圏やひとつの套路で充分と考えるのは、「道」のレベルといえよう。

おそらく人は始めに「学」から入り、その後に「道」を知るようになるのではあるまいか。わたし自身も、通臂拳や蟷螂拳、それに迷宗拳、鶴拳などには、今でも大いに興味はあるが、あえて習おうとは思わない。あまりに多くの拳を修すると、拳が熟成しないからである。

拳の修行には「鍛」「錬」「養」の段階がある。青年期は「鍛」で、ひたすら体を鍛える。この時期に基礎を得ておかないと、後になって大成をすることは難しい。次の壮年期は、「錬」である。この時期には、緻密な動きを練る。套路をひたすら練ることで、細かな動きを体得する。この段階では、技の熟成を期することになる。

そして、老年期に入ったら「養」である。無理な稽古をしないで、技と自己の熟成を期する。これまでに培ったことを基に、心と体のより微細で、密接な関係を築くのである。

かつて、わたしは中正紀念堂で、少林拳を練っている、七十代後半か、八十歳にも近いと思われる老人を見かけたことがある。その老人は、もはや高く飛んだり、蹴ったりすることはできないが、動きの間合いは、じつに正確であった。飛ぶところ、蹴るところで、その間合いが、正確に残っているのである。

表演などの選手の動きは、いくら高く飛んだり、するどく蹴ったりしても、動きの武術的な間合いが見えてこない。当然のことであるが、こうした動きは、いくら練習をしても、熟成するということはない。「道」の修練とは、形を超えることなのである。そうであるから壮年期、老年期では、「日々に損る」ような稽古となるわけである。こうして「形」を超えることで、形が充分に表現できなくなっても、「形」の持っているもの、武術でいうならば間合いを失わないですむのである。

第四十九章

聖なる人は、どうして子供のように見えるのであろうか。

子供は、無心で、本来の人の持っている心のままであるから。

赤ちゃんは、究極の「一」を抱いて離すことがない。

そこには、あれとこれ、といった違いを求める心などありはしない。

静かな谷では、響きはそのままに伝わる。

曇りなき鏡は花を、そのままに映す。

こうしたことのすべては、おおいなる虚にかかわることである。

しかし、虚がなにかをしたというのではない。

道の悟りを得た人は、それを知っていて、さかしらを行わない。

おおいなる「善」と「信」

老子は、おおいなる道とひとつになった心境として、ここでは「渾《こん》」と「孩《がい》」をあげている。

「渾」は、渾沌というのと同じで、いろいろなものが混じり合っている状態である。

「孩」は、小さな子供のことである。区別や価値判断をしないものの象徴として、老子は「孩」をあげている。

これは、太極拳でいうなら「無極」の状態である。天地、陰陽の分かれる前の渾沌とした状態である。おおいなる道とひとつになるとは、こうした意識状態を持つことなのである。陰陽の分かれた太極は、後天の世界のことであるが、いまだ陰陽の生まれていない無極は先天の世界のものである。

老子が言っている「渾」や「孩」は、先天の世界をさす概念なのである。陰と陽に分かれた、おおいなる極（太極）の生まれる前の世界なのである。

老子は、こうした「渾沌」や「孩」の視点から、「善」と「不善」、あるいは「信」と「不信」を、ひとつのものと考える。すべてがひとつに和合している世界が、先天の世界なのである。これに対して後天の世界は、調和の世界である。それぞれが独立して存在しながら、すべてのものがつながりを持っている世界である。

太極拳では、「太和の気」を得ることを大切と考える。太和の気とは、おおいなる和合の気のことである。植芝盛平の言う「合気」と同じである。植芝盛平は、学んだ大東流という古流柔術をベースにして、私淑していた大本教の出口王仁三郎の教えも受けて合気道を創始する。「合気」という語は、もともとは大東流で、独特の崩しのテクニックとして伝えられていたものであった。

王仁三郎の指導を受けるようになって、盛平は宇宙の根元にあるのは、和合であることを悟る神秘体験をする。そして、おおいなる宇宙の和合を「合気」と感得したのである。大東流の「合気」は技術であり、これは後天の世界に属するものであるが、合気道の「合気」は、先天の世界に属するものである。つまり合気道で「合気」を習得するということは、おおいなる道を感得するということなのである。これを太極拳でいうならば、太和の気の感得ということになる。合気道の「合気」や、太極拳の「太和の気」を開くことで、老子の「渾」「孩」の感覚を得ることが可能となるのである。

ここで、おもしろいのは、老子は「善」と「不善」とを区別することはしない、としつつも、

「不善なるものも、吾またこれを善とす」

と、述べているところである。つまり、この世はすべて「善」なるものと、老子は考えていたわけである。

また、「信」と「不信」についても、

「不信なるものも、吾またこれを信とす」

といっている。この世はすべて「信《まこと》」に満ちた世界である、というのである。

老子が、霊的な感覚を通して見た、先天の世界、無極の世界は、「不善」をも含んだ、おおいなる「善」なる世界であり、「不信」をも含んだ、おおいなる「信」に満ちた世界であったのである。こうした世界、真の世界の姿を、太極拳を練ることで感得することができるわけである。

第五十章

十人のうち三人くらいは、健康に気を使っている。
しかし、生死は海に浮かぶうたかたのようにはかないもの。
十人のうち三人くらいは、まったく健康のことなど考えない。
しかし、活力に満ちている大木も、いつかは秋を迎えて葉を落とすもの。
健康に注意しても、しなくても、
けっきょく人は死んでしまう。
毒の酒ほど甘美なり。
知らないだろうか、
智慧ある老人が、いろいろと手を尽くしても、
ついには虎に食われてしまったことを。
なにも知らない子供が、虎の穴に入って、
虎を捕まえてしまうことを。
優れた人は、真の養生を実践している。
しっかりと生きようと思うなら、それは当然のこと。

「生」を摂《やしな》う

人は、生まれ、そして死ぬものである。この流れから離脱することはできない。老子は、こうした人生において、人のタイプを、およそ三つに分ける。

そのひとつは、「生」に執着する「生の徒」である。これは、自分の欲望に執着した生き方をしている者である。こうした人は、十人のうち三人くらいはいる、という。また、「死」に執着する「死の徒」もいる。これは、今日の日本では多くないかもしれないが、死後に自分の快楽を求めようとするタイプの人である。死んで極楽浄土に生まれようとするような人である。こうした人も、十人に三人くらいはいるとする。

そして、「生」の執着から「死」の執着へと移る人である。老齢を迎えたり、病気をしたりして、自分の死を意識するようになると、「生」よりも、「死」の方が気になりだす。ために急に信心をはじめたりする人もいる。この「生」から「死」の執着へと移る人も、十人のうち三人くらいというから、残った十人のうちの一人くらいが、ある種、「生」や「死」の執着からのがれることのできた人なのであろう。

老子は、ここで「摂生」つまり、「生を摂《やしな》う」ことが重要であるとしている。

「生を摂《やしな》うことのできる人は、

旅に出ても、サイや虎に襲われることはない。

軍隊に入れられても、戦場にかり出されることはない。

虎の爪にも、襲われることなく、
敵軍の刃にも、襲われることはない。」

こうしたことが一般に言われていたとして、老子は採録している。生を摂《やしな》うというのであるから、これは「養生」ということである。もちろん本来の「養生」には、ここにあげられているような運命を好転させるといったことも含まれる。ただ、正確には本来のあるべき運命にもどす、というべきであろう。老子は「摂生」について、

「もって、その死なきなり」

と述べている。「死」というものがなくなる、というのである。しかし、これは不老長寿のようなことを言っているのではない。「生」もなければ、「死」もない、永遠なる、おおいなる道の世界を体得することを言っているのである。おおいなる道とひとつになれば、「生」への執着も、「死」への執着もなくなるのである。そうなれば、より良く人生を歩むことができるようになるのである。

第五十一章

玄徳とは無為なるもの。
万物は、玄徳によって動いている。
自然も、玄徳によって動いている。
玄徳を得られれば、心も体も、正しく動くようになる。

「玄徳」を得る

老子は、おおいなる道の「徳」のことを、「玄徳」と言っている。また、道には万物を生む働きがあり、徳には万物を蓄える働きがあるとも言っている。神道には、「生成化育」という考え方がある。これは、植芝盛平なども重視していた概念で、合気道とは、生成化育の働きそのものである、とされている。

つまり「生成化育」においては、道の持つ「生」の働きが「生成」であり、徳のもつ「蓄」の働きが「化育」ということになろう。ちなみに老子は、徳の持つ「蓄」の働きについて、「長じる」「育む」なども、これに含まれるとしている。

太極拳での入門は、形式的には太極拳の教えを受け始めたとき、ということになろうが、真の意味で太極拳の門に入ることができるのは、先天真陽の気の体験を得たときである。ここからが真の意味で太極拳の修行の第一歩となるのである。それまでの修行は、本当の修行に入る前の修行、つまり前行と考えてよいであろう。

先天真陽の気を感得するまでの前行は、一〜二年の短期で終えることのできる人もいれば、数年かかる場合もある。また、先天真陽の気を感得することのできない人もいる。先天真陽の気をその働きからいうと「生成化育」となる。これは、おおいなる道と同じく、万物を育てる働きなのである。

先天真陽の気の「先天」とは、虚の世界のことである。虚の世界であるから、先天真陽の気は、ただ感じられるだけで、なんらの実態があるわけではない。「真陽」は、純陽ということもできる。「陽」は「生」の象徴であり、「陰」は死の象徴であるから、先天真陽の気とは、純粋なる「生成」の働きそのものなのである。この世には、生死がある。陽の気も、陰の気も存しているのであるが、太極拳では、この世の根元は生死ではなく、ただ生のみにある、と考えるのである。このときの陽は、陰陽をこえた陽であるから、あえて「真陽」というわけである。

先天真陽の気の感得とは、生きるための力の根元を感得することなのである。いうならば生命力の根元を知ることなのである。ここから太極拳は始まるのであり、合気道もここを原点としている。しかし、ただ先天真陽の気を感得しただけでは、充分ではない。これを育てなければならない。老子は先天真陽の気を感得した後に、この気を養い、育てる秘訣にも言及している。

「生じて有せず」
「為してたのまず」
「長じて宰《さい》せず」

たとえ先天真陽の気を感得する体験があったとしても、それに執着してはならない、というのが、「生じて有せず」である。先天真陽の気を感得したとき、全身が炎に包まれたような感じを持つこともある。植芝盛平などは、自分が黄金の光に包まれた、と感じていたようである。しかし、重要なことは、こうした体験にあまりに深く執着しないことである。神秘的な体験への執着が強すぎると、あるいは自分がなにか特別な存在であるかのように思い込むことがある。そうなると、まちがった道に入ってしまう。

先天真陽の気が働きだすと、心身の働きも滞りの少ないものとなる。あるいは、ときには不可思議と思えるようなことも起きるようになる。しかし、こうした個々の事柄にも、執着してはならない。老子が、「為してたのまず」と言っているのは、こういうことである。いろいろなことができるようになるのを喜ぶのはよいが、これも執着がすぎると、それ以上の境地に入ることができなくなるのである。

過度の執着から逃れ、先天真陽の気を適切に育てることができるようになれば、この力をなにか他のことに使いたくなるものである。心身のエネルギーが充実しているので、仕事でも、遊びでも、ときに度を越してしまうことになりかねない。これが「長じて宰せず」である。「宰」とは「思うままに使う」ということである。なにかが育っても、これを思うままに使おうとしてはならない。特別なちからが開かれたからこそ、おおいに自戒をしなければならないのである。こうしたことにも留意しなければ、真の意味で修行を完成することはできない。そして、こうして意をはらうことで、「徳」も自然と養われてくる。つまり、それが「玄徳」なのである。

第五十二章

どこにも、はげしい波風の止むところなどありはしない。
ほんとうに帰るべきところに、帰らなければ安心は得られない。
自分は、誰であるかと、考えてみよ。
そうすれば、自ずから聖なる世界が開けてこよう。

微細な感覚を育てる

太極拳を修するときに重要なことのひとつに、いかに套路の呪縛から逃れるか、ということがある。たしかに套路は、心身を整える重要なシステムである。しかし、必要なのは、心身を整える、ということであって、套路を習得することにあるのではない。もちろん、あえて套路を捨てる必要もない。ならば、どうすべきなのか。それは套路と自分とが、ひとつになることである。そうすることが、套路の呪縛から離れる、ということになるのである。

これは、套路の日常化ということもできるであろう。眠るように、食事をするように、套路を練る。これが無為自然である、ということである。太極拳で套路を練るのは、あくまで自然であろうとするためである。少林拳などの套路では、強く打ったり、蹴ったりする動作が含まれる。こうした動作を行うシーンは、日常の生活では、ほぼありえない。しかし、太極拳のように力を入れないで腕をのばしたり、ゆっくり足をあげたりするようなことは、日常の動きの中でよくあることである。

このように、攻防を主とする武芸では、非日常の動作に習熟することが大切とされる。一方、おおいなる道とひとつになろうとする道芸での動きは、日常の動作の延長にある。基本的には、日常の動作と変わらない動きを練っている、と言えるであろう。これが、老子の言う「習常《しゅうじょう》」である。

この「習常」は「常を習《なら》う」と解することもできるし、「常を習《かさ》ねる」と読むことも可能である。「常を習《かさ》ねる」とは、常の常なるもの、ということである。一般的に考えられている「常」ではなく、真の意味での「常」ということである。多くの人は、特殊、特別なことを良しとするが、老子は日常、普通のことの方がむしろ大事である、と教えているのである。

老子は、「習常」には「明《めい》」と「強《きょう》」があるとして、次のように説明をしている。

「明」とは、「小を見る」ことである。

「強」とは、「柔を守る」ことである。

老子の言う「明」と「強」は、一見すると、なんらの関係もないように思える。しかし、これを太極拳の立場から見ると、じつによくこれらの関連性が見えてくるのである。

「小を見る」とは、微細な感覚を育てることである。これは、太極拳でもっとも重視されている。そもそも、太極拳でゆっくり動く最大の目的は、微細な感覚を育てることにあるわけなのである。微細な感覚を育てることで、自分や相手の心身の動きがよく分かるようになる。これが「明」である。いうまでもないことであるが、この感覚を育てると、相手の心身の動きを知るだけに止まらず、森羅万象の動きについても、より深い認識を得ることができるようになる。

　こうした微細な感覚を育てるには、心身に「柔」がなければならない。これも、太極拳ではよく説かれることであろう。心身が、「柔」らかとなれば、いろいろな状況にあって、さまざまな対応ができるようになる。攻防においても、千変万化の対応ができるようになる。「強」くなるわけである。

　おおいなる道の行である「明」や「強」の修練は、我々が日常、普通に使うべき微細な感覚を育てることにあったのである。また、そうした感覚を育てることを第一としている太極拳の修行は、そのまま、おおいなる道の修行となるのである。

第五十三章

おおいなる道は、生成の働きに満ちている。
おおいなる道とひとつになったなら、
たとえ小さな田んぼでも、倉いっぱいの米がとれるようになる。
こうした不可思議な生成の働きこそが、おおいなる道なのである。

滞りをなくす

老子は、おおいなる道は、「夷《い》」である、という。平等である、ということである。この章では本来、人は平等であるのであるが、搾取される側と、する側が生まれるのは、「施《し》」を作るからである、としている。「施」とは、セクションのことである。自然にはなかった搾取のセクションが作られることで、搾取される側はますます貧しくなり、搾取する方はますます富むようになった、というのである。

老子は社会の不平等は人為によるもの、とするわけである。本来、人間の世界をも含めたこの世は、無為自然の世界である。しかし、人間は欲望により有為の社会システムを構築してしまった。ここに滞りが生まれたのである。そして、それは不自然なる世界であった。自然な無為の世界には、搾取する側される側、といった不平等はなかった。しかし、人の欲望、いうならば穢《けがれ》が、自然でない世界を作ってしまったのである。

武術も同じである。本来、この世は調和に満ちた世界であった。しかし、ある過度の欲望を持った人が、闘争の手段を考えた。ここに無為自然な世界は、崩れてしまうことになる。そこで太古の無為自然の世界へともどる修行法が、太極拳や八卦拳などの道芸として、ひそかに受け継がれてきた。道芸で重要なことは、日常の行為と攻防の行為に差異を設けない、ということである。

日本でも、兵法は平法である、として、戦時と平時とのベースには、同じ思想、行為がなければならないことを言っていた。それは、調和への導きである。平時はもちろんであるが、戦時においても、つねに平和、調和への道が模索される。これが、兵法すなわち平法なのである。

「施」とは、人びとを搾取する側とされる側に区切るものである。こうしたものを設けると、本来の均衡が失われてしまう。よけいなことをするために、本来の働きが失われることになるのである。

それでは、どうして「施」のようなものが作られるのか。老子は言っている。

「民は径《けい》を好む」

つまり、民衆というものは、径＝近道が好きである、というのである。老子の言う「近道（径）」とは、安易な道ということである。あるいは自分さえ良ければ、よいという道である。こうした人びとの欲望の中で、力の不均衡が生まれて、搾取する側される側や、勝つ側負ける側が生まれることになる。

武術の世界でも、「径」が好まれる傾向がある。上達法なるものに、人びとの耳目が集まることがあるのである。こうした上達法は、武術だけではなく、はてはバスケットやサッカーなど、あらゆるスポーツにも、じつに有効であるなどといった誇大な宣伝をする人も出てくる。しかし、数年がたつと、実際に効果のないことが分かって、一時のブームは霧消してしまう。

「径」を求めるのは、楽をして効果を得たいという欲望によるものである。こうした欲望が、心身に滞りを生んで、結果としては遠回りになってしまうことになる。稽古とは、地道に積み重ねていくものである。ひとつのことを継続して五年、十年と行ったなら、他の追随を絶対に許さないものを得ることができる。これは、近道を模索していては得られないことである。武術の修練とは、自分との対話、自然との対話をすることでもある。こうして心身の滞りをなくしていくのが、おおいなる道の修行なのである。

第五十四章

道の徳を修練する。

そうすれば、自らの徳はまったきものとなる。

そうなれば、あらゆるところに完全なる調和が生まれる。

すべて人々が、たおやかな春のような気持ちでいられるようになる。

個人の悟り

この章で老子は、おおいなる道とひとつになった状態を、個人、家、地域、国に分けて述べている。

そして、個人のレベルでは、本当の徳の実践ができる、としている。

「その徳、すなわち真たり」

次いで、家のレベルでも、本当の徳が自ずから行われる。

「その徳、すなわち余りあり」

個人の徳の実践が、あり余って家の中にまでおよぶわけである。こうなると地域（郷）においても、本当の徳の実践が失われることがなくなる。

「その徳、すなわち長《ひさ》し」

個人、家での徳の実践があれば、地域レベルでの徳の実践が失われることはもはやないのである。そして最後に国レベルでも、本当の徳が行われて国が富む、としている。

「その徳、すなわち豊《ほう》たり」

ようするに、おおいなる道とひとつになったならば、「徳」のある状況が生まれ、結果として人びとの生活も豊かなものとなる、と老子は考えていたのである。

本来、国においても、地域でも、家でも、個人でも、「徳」の実践されている状態が普通であり、これが自然なのである。国に「徳」が失われたのは、地域に「徳」が失われたからである。地域に「徳」が失われたのは、家に「徳」が失われたからである。家に「徳」が失われたのは、個人に「徳」が失われたからである。そうであるなら、個人が「徳」を養えば、家にも「徳」が満たされ、ひいては地域、国にも「徳」が満ることになるのである。

どのように生きるのか、は単に個人の問題ではなく、国家レベルにも影響をおよぼすものであるとするこうした考え方は、儒教の教典である『礼記』にも「修身、斉家、治国、平天下」として出てくる。身を修めることが、家を斉《ととの》えることであり、それは国が治まることになり、天下を平らか（平和）にすることにもなる、というのである。

また、最澄は「一隅を照らすは、これすなわち国の宝なり」とも言っている。「一隅を照らす」とは、個人のかかわることのできる小さな範囲で、正しく生きる、ということである。一般には、市井に生きる個人が、どのような生き方をしても、国家レベルでなんらの影響をあたえることもない、と思われがちであるが、最澄は、こうした個人のあり方こそが大切である、と教えているのである。

自分一個の完成が、皆の幸せにつながる、と老子ばかりではなく孔子や最澄も考えていたのである。

仏教では、自分が悟りを開いたのちには、人びとを幸福に導くように、と教えている。前者の悟りを開くことに重きをおいているのが、小乗仏教であり、後者の人びとの救済を重視するのが、大乗仏教とされる。老子は仏教でいうところの小乗の道が、そのまま大乗の道に通じている、と考えていたのであった。自分が正しくあることで、まわりの人たちも正しく自然でいられると考えていたのである。

第五十五章

赤ちゃんは、どのような徳をもって離すことがないのであろうか。
それは沖和《ちゅうわ》を保って、道の根源を養っているのである。
それは、むやみに心を働かせることのないこと。
こうした無為の徳は、この世にあって、生成の働きを助けるものなのである。

おおいなる道の力を借りる

老子は、ここでは、おおいなる道について「常《じょう》」「明《めい》」「祥《しょう》」「強《きょう》」をもって説明している。ちなみに「明」と「強」や「常（習常）」などは、第五十二章にも出ていた。

「和を知るを常という」
「常を知るを明という」
「生を益すを祥という」
「心の気を使うを強という」

老子は、この世は調和に満ちた世界である、と考えていた。この大前提を悟るのが、「明」である。「常」というのは、普遍的である、ということである。この世が調和に満ちているという普遍的な原則を悟ることがなければ、おおいなる道の意識に入ることはできない。これは太極拳でいうなら太和の気の感得である。この世の中が、闘争や競争において成り立っていると考えるのであれば、太極拳のような和合《むすび》を基盤としたシステムを修する意義は、著しく減ずることになる。

　この和合の感覚が緻密になれば、天地の和合《むすび》を知ることができるようになる。天地の和合が生まれるときを「天機」という。神仙道の古典などには、「天機を盗む」とか「天機は漏らさず」といったフレーズを見ることができるが、これほどに「天機」を知ることは、重要と考えられていたのである。天機とは、いうならば陰陽の変化である。生成の兆しの発生である。

　このことを、老子は「祥《きざし》」と言っているのである。太極拳では、「気機」が重視される。「気機」とは、「天機」と同じく、気の陰陽の変化のことである。太極拳を練る最大の目的が「気機」の修練にあるのであり、それは「天機」を感得することなのである。小宇宙としての套路に示されている陰陽の転換の機を、適切に使えるようになれば、天機を知ることができるようになる。そして、それはそのまま技をはじめとするいろいろなものの生成を行うことができるようになる、ということでもある。

　気機や天機は、これは知ろうとして知ることのできるものではない。太和の気を感得して、自分と套路とがひとつになったときに自ずから分かるものなのである。太和の気を感得すれば、心は自在の境地に入る。心が自在の境地に入れば、心のままに気を使うことができるようになる。それは、心と気とが、完全なる和合の状態にあるからである。老子は、この境地を「強」であるという。

　興味深いことに、第五十二章では、「柔を守るを強という」とあった。つまり、柔とは心身がおおいなる道とひとつになった境地なのである。これがほんとうは一番強いことを、多くの人は分かっていないのである。多くの人は、剛をのみ強いと思っているが、じつはそうではない。これは太極拳の考えるところと同じである。

この世でもっとも強いのは「気機」や「天機」を知って、おおいなる道と一体になれる人なのである。これを知らない人が使えるのは、自分個人の小さな力であるにすぎない。しかし、柔を会得しておおいなる道とひとつになった人は、自分以外のおおいなる力を利用することができるのである。

第五十六章

市場では、終日多くの金が行き交うもの。
そこでは、大きな額の貨幣も、小さな額も、
ともに等しく行き交っている。
大金も、なにかを買ったならば、
もう、その金は、自分のものではなくなってしまう。
自分のもとを離れたものに、いつまでも、執着して未練を持ってもしかたがない。

「和光同塵」の境地

この章では、「和光同塵《わこうどうじん》」などの有名な言葉も出てくる。ここで中心となっている教えは「玄同《げんどう》」である。おおいなる道が、和合の道であることについて述べているのである。ちなみに「和光同塵」は、自分の卓越した部分を隠して俗世間と交際をすること、と解されている。これもまちがいではないが、老子の考えからすれば、以下に述べるように、まことに表面的な理解としなければなるまい。

老子は「玄同」を得る方法として、以下の六つをあげている。

「兌《あな》を塞ぐ」

「門を閉ざす」
「鋭《えい》を挫《くじ》く」
「紛《まぎれる》を解く」
「光を和らげる」
「塵に同ずる」

残念なことに、老子がどのようなエクササイズを教えていたのか分からないが、基本的な部分、根本的な部分においては太極拳となんら変わらないものであったであろう。そのことが、こうした教えからも理解される。ここで、老子が「玄同」の修養として教えていることは、そのまま太極拳の修行に通じるのである。

先ず「兌《あな》を塞ぐ」であるが、これは外に向かうエネルギーを、内に向けることである。太極拳では「静（至静）」の感得により、これを得ることができると教えている。神仙道では「回光返照」という。

我々の心身のエネルギーは、外的な刺激によって常に外に向かって流れている。ために心身のエネルギーが枯渇してしまうのである。また、こうした流れは不自然でもある。老子は、外に漏れ出る「兌《あな》」を塞いで心身のエネルギーを内に充実させることが大切である、と教えている。

次に「門を閉ざす」である。内へと向かう心身のエネルギーの流れを確立することができたならば、それを養うことが必要である。神仙道ではこれを「封固《ふうこ》」という。太極拳の修練であれば、「静」の感覚をしっかりと套路の中へと落とし込むことである。

「静」の境地が深まると、心身に和合の気（太和の気）が満ちてくる。そうなると自ずから、角がとれてまるくなる。「鋭を挫く」とは、心身がまるくなることをいうのである。心身がまるくなると、あらゆるものに変化することができるようになる。「鋭」とは、ひとつの目的に特化した働きのことである。そうしたものがなくなることで、本当の自在の働きが生まれてくるのである。

自在の働きは、無闇な動きとはまったく異なるものである。自在の働きにあっては、状況に応じて効率的な働き（鋭）が生まれなければならない。「鋭」は、けっして表に出ることはないが、常に潜在しているのである。「鋭」の潜在していない状態を「粉」という。これは乱れたエネルギーの状態である。

たしかに「玄同」の深い境地に入れば、いろいろなことができるようにはなる。自分の持っている能力を十全に活用することができるようになる。しかし、そうしたことに執着を持ってはならない。これが、「光を和らげる」である。

太極拳も、これを粗大身（物的身体）から見れば、いくつもの動きの集合体であるが、微細身（霊的身体）のレベルからすれば、すべてはひとつのエネルギーの流れ、ということになる。そうなると日常にあっても、あらゆる行為をひとつのものとして行えるようになる。逆にいうなら、あらゆる行為をひとつのものとして行うには、その行為がおおいなる道とひとつになっていなければならない、ということである。

おおいなる道とひとつになった人の意識は、微細身のレベルに入っている。そうなると、その人の心身の働きは、外から、つまり粗大身（＝塵）のレベルからは見えにくくなる。これが「塵に同ずる」である。一般の人は、粗大身のレベルに意識をおいているために、微細身のレベルに入った人の心身のあり方を捉えられないのである。こうした境地を太極拳では「神明」と呼んでいる。攻防にあっては、相手にとらえられることのない境地である。

相手を打とう、などという自然でない意識は、粗大身のレベルでしか存在しない。そうであるから、微細身のレベルの人の心身は、おおいなる和合の気である太和の気に満ちたものとなる。こうしたレベルに入れば、自分自身が争いと関わることがなくなってしまうのである。

第五十七章

有為と無為とは、ひとつのもの。
国を富ませ、兵力を強くするにも、ときというものがある。
おおいなる道のことを知るときを待つことなく、むやみに修行をしても、
ほんとうの悟りが得られることはありはしない。

「無事」を得る

老子は、あきらかに神秘主義者である。『老子』には、政治のことがよく出てくるし、天下を取ることにも重きがおかれている。真の神秘主義を知らない人は、こうした老子のことが、よく理解できないようである。一人静かに高野山で瞑想をすることを常に願っていた空海も綜芸種智院《しゅげいしゅちいん》といった学校を作ったり、はては満濃池《まんのう》の修築までをしている。真の神秘主義者は、内的な実践ばかりではなく、外的な実践も優れて行えるのである。

老子は、内的なことは外的なことに反映する、と考えていた。そうであるから、物事をなしたり、天下を取ることの例として、おおいなる道の感得を語っているのである。

「正をもって国を治め、奇をもって兵を用い、無事をもって天下を取る」

老子は、法律などの規律をもって国は治められるべきであるが、軍事の発動にあってはそうしたものも超越されるべき、とする。これは戦争時などに通常の法律の執行が停止されるのと同じである。そして「無事」とは、よけいなことをしない、ということで、「無為」というのと同じである。老子は、天下のトップに立つ者の条件として「無事＝無為」をあげているのである。「無事」については、この章に、

「我、無事にして、民おのずから富む」

とある。為政者がよけいなことをしなければ、民衆の暮らしは豊かになる、というのである。天下というものは、こうした「無為」を行うことのできる者に、よけいなことをしないでいることのできる人に、与えられるべきものなのである。

老子の言う「天下を取る」には、実際に天下を取るといったものも含むが、ひろくは「頂点を極める」ということでもある。真の「無事」の境地を得ることができれば、おおいなる道とひとつになれる。ここに、その人は、「唯我独尊」の境地を手に入れることができるのである。

「唯我独尊」とは、「ただ我が、ひとり尊い」ということである。すべての人は、それぞれにもっとも尊い存在なのである。おおいなる道とひとつになる、ということは、こうした自己存在の意義を知ることでもあるのである。

老子は、次のようにも言っている。

「技巧多くして、奇物ますます起こる」

あまりにテクニックが多くなると、正しい道が失われて、おかしなことが生じるようになる、と教

えているのである。優れた技法というものは、いうならば限定した場面でのみ、もっとも効率的に使えるものである。こうした技法は、場面が変われば、使うことが困難となる。

「技巧多くして」とあるのは、優れた技法ではあるが普遍性に欠ける技法が増えていく、ということである。根本的な技法は、増えることがない。これは、ひとつである。数学の問題では、ひとつの法則からいろいろな例題が作られる。これと同じである。いくら例題が増えても、ベースとなる法則は増えることがない。また例題が増えすぎると、かえって法則を理解することが難しくなる。

これは、エントロピーが増えていく、ということでもある。エントロピーが増えることで、システムの崩壊を招くのである。鄭曼青は、百式をこえる古い套路を整理して、三十七式とした。こうすることで、我々は、太極拳で「無事」をより練りやすくなったのである。

鄭曼青は、五絶老人とよばれていた。詩文、書、絵画、武術、医学において、高い境地に達していたからである。いうならば、五つの分野で「天下」を取っていたわけである。鄭曼青は、自らが高い境地に入ることができたのは、太極拳の修練があったためとしている。鄭曼青は、「無事」を得ることで、五絶老人となれたのであった。もし、鄭曼青が、それぞれの分野で技巧を追究していったならば、けっして五つもの分野に卓越することはできなかったことであろう。

第五十八章

災いにあっても、悔やむことはない。
幸いにあっても、喜ぶことはない。
あらゆるものには滅もあれば、生もある。
一時のことに振り回されてはならない。
災いは、必ず福に転ずるものである。

陰陽互蔵

よく、太極拳などでは、「剛が極まって柔となる」と説明されることがあるようである。しかし、具体的に「剛が極まる」というのがどのような状態なのかを言える人はあるまい。

また、太極拳の基本となる考え方からも、これは外れている。太極拳の基本となるのは、「陰陽互蔵」である。

陰の中には陽が含まれ、陽の中には陰が存している、というのが、太極拳の考え方である。太極拳の双魚図を見れば、陽の体を持つ魚には、一点の陰が眼として示されている。一方、陰の体を持つ魚は、一点の陽の眼を持っている。これが、「陰陽互蔵」である。そうであるから、「剛が極まる」というような剛だけ、あるいは柔だけ（陽だけ、陰だけ）といった状態を、太極拳は持たないのである。

中国の伝統的な陰陽観では、「互いに同じものが惹かれあう」と考える。そうであるから純粋な陰と、純粋な陽では、交わる要素がないことになるのである。『易』では、純陽は乾卦《けんか》であり、天を象徴とする。純陰は坤卦《こんか》で、地を表す。天地が永遠に交わることのないように、純陽と純陰は、けっして交わることはないのである。

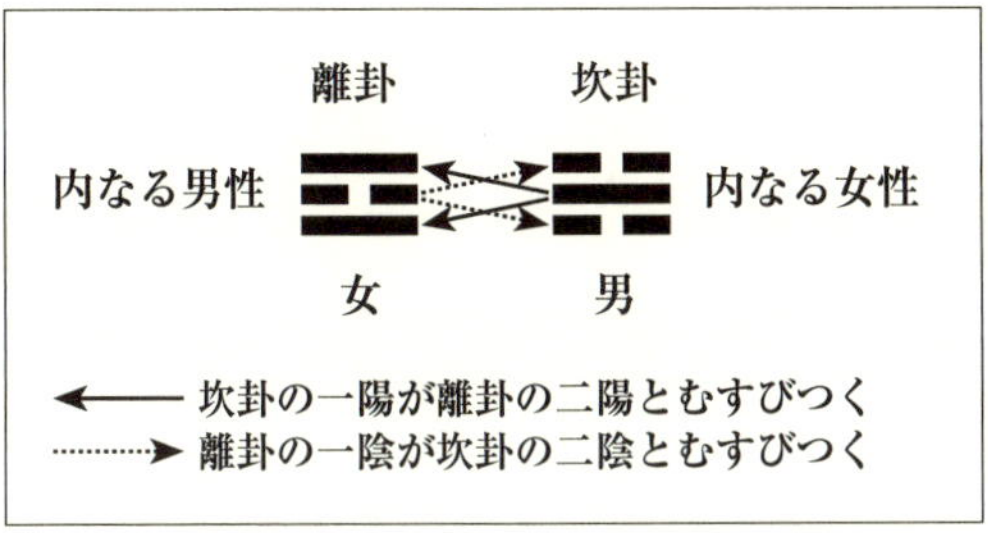

一方、坎卦《かんか》（陰陽陰）と離卦《りか》（陽陰陽）は、男女にたとえられる。坎卦の中心の「陽」は男性性を示すもので、離卦の「陰」は女性性を表している。男である坎卦の一陰は、女である離卦の「陰」とひとつになろうとする。つまり、男は自分の中に女性性（坎の一陰）があることで、女を好きになるのである。

これに対して女である離卦の一陽は、男である坎卦の「陽」に惹かれる。つまり、男女が惹かれあうのは、こうした仕組みなのである。男女が互いに惹かれるのは、それぞれが共に陰陽を持っているからなのである。これが、「陰陽互蔵」である。老子は、ここで「陰陽互蔵」について、次のように言っている。

「禍は福のよるところ」

「福は禍の伏すところ」

禍があるということは、すなわち福がすぐ側まで来ている、ということである。また福があるということは、その中に禍が潜んでいる、ということである。このように老子は、陰陽互蔵を説くのである。

「陰陽互蔵」で重要なのは、一見して対立するものが、じつは内包しあい、惹き合う関係にある、ということである。太極拳の根本には「粘」がある。「ねばる」とは、惹き合うということである。合気道の「合気」もこれと同じで、植芝盛平は、合気道の稽古を「引力の鍛錬」と言っていた。つまり、「粘」や「合気」は、陰陽互蔵をベースとして成り立つのであり、それは大宇宙の根本原則なのである。

宇宙の根本原則とは、おおいなる道のことである。太極拳において「粘」を学び、合気道において「合気」を修するというのは、宇宙の根本原則を体得するためのものなのである。これが同時に、おおいなる道とひとつになることでもあることは、いうまでもなかろう。

陰陽互蔵を知らないから、人は日々、自らの直面することに一喜一憂して、心身の平穏を得ることができないのである。喜びは、悲しみを呼ぶし、苦しみは、楽しみをもたらす。喜怒哀楽に一喜一憂していたのでは、いつまでたっても、心の平安は得られない。おおいなる道とひとつになって、喜怒哀楽を超えた視点を持ち、それらがひとつのものであることを知ることが、大切なのである。

第五十九章

身を修めようとするのであれば、むさぼりの気持ちを持ってはならない。
ただ、ひたすらに、おおいなる道の徳を積みに、積むのだ。
人々のおおいなる安らぎは、
すべて、よけいなことをしないことによる。

「根」を固める

この章で、老子は「長生久視《ちょうせいきゅうし》」の教えを説いている。これは「長く生き、久しく視る」ということである。一般に「長生」の方は、長生きで問題はないが、「久視」については、いろいろな解説があって、なかなかうまく説明ができていないように思われる。

中国の伝統的な養生思想では、長生きを第一の目的とする。しかし、ただ生きているだけでは仕方がない、と考える。長く生きて、長く楽しむことが、もっとも大切とされるのである。老子の言う「久視」も、長く視覚がはっきりとしていること、つまり脳の働きが衰えないことを言っているわけなのである。

老子は「無為自然」であることが、もっとも長く、楽しく人生をおくることのできる方法である、と考えていた。目先の楽しさ、刹那的な歓びに執していたのでは、本当の人生の歓びを知ることはできない、と老子は考えるのである。それでは、どのようにすれば、「長生久視」でいられるようになるのであろうか。

「根を深くし、柢《てい》を固める」

「根」も「柢」も同じく「根」のことである。つまり、老子は、「根を深くして、固める」ことで、長生久視が得られると教えるわけである。これは、太極拳でいう「落根《らっこん》」と同じである。「落根」は、ほかの武術では「沈身」あるいは「沈墜勁《ちんついけい》」などといわれることもある。たしかに太極拳などで深い功を持つ人は、地面に根が生えたような安定感がある。

足腰の鍛錬がある程度なされて、全身によけいな力みがなくなれば、気の沈むような感じを得ることができる。これが、「落根」である。こうなると攻防にあっても、ゆるぐことのない安定を得ることが可能となり、バランスを崩されることが少なくなる。攻防の側面から「落根」をいうと「沈墜勁」ということになる（勁とは、攻防に使える能力の意味であり、沈墜勁とは、攻防において体を浮かせないでバランスを保持できる能力のことである）。

ちなみに自己の「落根」が深くなればなるほど、相手に対しては、反対にバランスを崩す「抜根」が巧妙にできるようになる。太極拳の攻防は、「抜根」を第一とする。相手に触れた瞬間に、相手のバランスを失わせるのである。

老子は、「落根」を得る方法、「根」を固める方法として「嗇《しょく》」をあげている。「嗇」には、よけいなことをしない、という意味がある。

「それ、ただ嗇なり。これをもって早く服す」

「早く服する。これは、重ねて徳を積むという」

「服す」とは、体得できる、ということである。「嗇」であれば、もっとも早くに体得できる、と老子は教えるわけである。そして、「嗇」をもって体得することは、そのまま「徳」を積むことになる、というのである。よけいなことをしない（嗇）とは、無為自然である、ということである。無為自然で積まれる「徳」は、玄徳という、おおいなる道とひとつになったときに積まれる「徳」である。


老子は、ただよけいなことをしない「嗇」を守りさえすれば、自ずから「長生久視」の境地に入ることが可能となると、言っているのである。それはまた、「根」を固めることでもある。「根」を固めるには、太極拳を練ればよい。よけいなことを考えないで、ただ太極拳を練れば、「長生久視」の境地に入れるのである。

第六十章

著しく心を傷つけてはならない。
心が楽しくあれば、この世のことはすべてうまくいくもの。
なんの問題もありはしない。
体を損ない、心を傷つけたなら、
よくないことが、起きてしまう。
ああ、あと一歩を踏み出して、こだわりをなくせば、
麗しき仙境は、すぐ目の前にあるものを。

柔らかな心身

「大国を治むるは、小鮮《しょうせん》を烹《に》るがごとし」

これも、老子の教えとして、知る人の多い一節である。大きなことをなそうとするのであれば、些末なことにいちいちこだわってはならない、というように解される。太極拳の修練においても、とくに初心の人からは、

「まだ修練が充分ではなく、正確な動きのできないうちに、日々練習をしてもよいものでしょうか。

悪いくせがついたりしませんか」

と、問われることがある。わたしは、こうしたときには、老子の言葉をひいて、

「大国を治めるには、小さな魚を烹るようにするべき、と老子は教えていますね。小さな魚は、烹ているうちに、あまり突いたりすると、形が崩れてしまいます。

太極拳の修練も長い道のりですから、小さなことにはこだわらないで、日々太極拳の世界に親しむということが大切なのですよ」

と、答えるようにしている。太極拳の修練において大成を得ることは、なかなかの難事である。また、数ヶ月、数年でどうなる、というようなものでもない。多少の不十分さなどにこだわる必要はないのである。

また、太極拳のとくに優れているところに、たとえまちがった練習をしても害の生まれることがほとんどない、ということがある。多くの武術は、まちがった練習をすると、心身に害の生ずるおそれがある。しかし、太極拳のような柔らかで、緩やかな練習は、卓越した効果を生まないことはあっても、問題の生じることは、きわめてまれなのである。

それは、太極拳というシステムが、おおいなる道にひじょうに近いものであるからに他ならない。おおいなる道に近づくためのシステムを開発する努力は、中国の長い秘教の歴史の中で、営々と繰り返されてきた。その中でも、太極拳は卓越したシステムである、ということができよう。おそらく、現在において、おおいなる道の修練として太極拳ほど優れたものはないのではないか、とわたしは考えている。

「道をもって、天下にのぞめば、その鬼も神ならず」

これは、この章全体の文脈からすれば、おおいなる道とひとつになった人物が天下を治めれば、邪霊も人に害をなすことはない、という意味に解するのが一般的である。しかし、これを秘教的な角度から解釈すると、おおいなる道とひとつになった人は、俗世間で生活していても、邪霊に傷つけられることはない、という意味にもとれる。それは、おおいなる道と一体となった人が、邪霊（鬼）の霊力（神）を失わせるからではない。

「その鬼、神ならざるにあらず。その神、人を傷つけざるなり」

邪霊の邪な力が、ただ働かなくなるだけなのである。これは、太極拳と同じである。太極拳のような柔らかな技を使うと、相手の闘争心がなくなってしまうのである。

あるときわたしは、言いがかりをつけてきた相手に強く服の袖を摑まれた。そのときに、手揮琵琶《しゅきびわ》を使って柔らかにその腕を振りほどいた。ために、相手は攻撃する気持ちを失ってしまったのである。これが、少林拳のように強く振りほどいたならば、相手はさらに怒ってしまったかもしれない。おおいなる道とは、調和の道である。それは、邪悪なものを排除するのではなく、その悪い働きをなくすることにあるのである。

この経験により、わたしは、太和の気の働きが、より深く分かったように思ったものである。太和の気とは、相手の攻撃を柔らかく防ぐだけではなく、その心も柔らかくしてしまうものなのである。こちらの柔らかな心身の働きが相手に伝わることで、穢れて、滞っている相手の心身のこわばりも解消されるのである。

こうしたおおいなる調和を中心とする考え方は、中国医学も同じで、中国医学では、病気を治すことを第一とは考えない。病気はあっても、それが発症しなければよいと考えるのである。発症しなければ、生きていくのに当面は問題はないし、人には自然治癒力もあるので、自然に治ることも期待できる。あらゆる悪いことも、調和というオブラートに包んでそれを顕現させない、というのが太極拳なのである。

第六十一章

大国はへりくだって、小国を尊重すべきとされるのは、なぜであろうか。
牝《メス》が牡《オス》より優れているのは、どういった点であろうか。
そこにあるのは静である。
大国は、自らの力を誇って、小国を攻めたりしないで、
静かにしていれば、かえって長く国を保つことができる。
牝も、静を守って機を知ることで、牡を制することができるのだ。
月は自らは光を発することなく、ただ静かに太陽の輝きを受けているにすぎない。
それにもかかわらず、太陽と同じく、地上のあらゆるものを照らしている。
愚かなる人は、静かにいまを楽しむことを知らない。
先走って、まだ起きてもいないことばかりを心配しようとする。

「静」の間合い

武術では「先の先」「後の先」などという語で、攻防の間合いを表現する。「先の先」とは、相手が出てくるより前に、こちらが動き出すことである。また、「後の先」は、先に動いた相手に応じて、

こちらが動くことをいう。「後の先」は、一見して、遅いように思われがちであるが、相手の動きを充分に捉えているので、対応としては、かえって速くなることもある。ちなみに、太極拳の間合いは、「先の先」でも、「後の先」でもない。太極拳では、間合いを、

「相手が動かなければ、こちらは動かない。

相手が動けば、こちらはその先に動いている」

と、教えている。これは、いうならば「同時」に動く間合いとでもいえようか。動作の起こりは、相手の先でも、後でもなく、「同時」であるのが、太極拳なのである。この間合いは、また「中（中庸）」の間合いでもある。中国では、「緯書」と称される予言の書がある。一方、儒教の教典などは、「経書」といわれる。「経」と「緯」つまり、「よこ」と「たて」である。時間の「経《よこ》」とは「今」ということである。「今」とは、未来でもなく、過去でもないので、これは「中」ということになる。君子の道としては、あらかじめなにかを知ることが大切なのではなく、「今」このときに、どのように身を処するのか、がもっとも大切なことと考えられたのである。

たとえ、あらかじめ起こることを知っていても、必ずしも、それに適切に対応できるとは限らない。そうであるなら、あやふやな未来のことを知る必要はない、と考えるわけである。「経」に対して「緯《たて》」の時間軸は、過去から現在、未来を貫くものである。「緯書」にあっては、とくに未来の出来事を知ることが重視された。

同様に、中国では術数《うらない》も、古くから研究されてきた。儒教の最高の教典と目される『易』も、もとは占いの書である。とりわけ術数の研究で極めようとしたのは、命理であった。「人が生きていくとは、

どのようなことなのか」を、研究していたのである。そして、その前提となるのが、人の生き方にはひとつのパターン化された法則がある、という考え方であった。この究極の法則を見つけることができたならば、人は人としてあるべきように生きていける、と考えたのであった。

これは、釈迦なども同じで、人の苦しみは、天地自然の道理、つまり「法」を知らないから生じる、と考えたのであった。この点において、術数と仏教とは、なんらの違いもないのである。しかし、術数の中からは、真に正しい法則を見つけたのであれば、未来を予見することもできるであろうとする考え方が台頭してくる。こうして一般的な術数は、いわゆる「占い」と解されるようになり、はては命理の追究や自己の修養といった部分が抜け落ちてしまうのである。たんなる「占い」とみれば術数と仏教には、なんらの接点も見いだせないことになる。

これは太極拳も同様で、太極拳をたんなる攻防の手段と考えたのでは、本当の意味での太極拳の姿を知ることはできない。太極拳は、攻防という人の持つ、いうならば、もっとも原初的な「悪」を見つめることで、人としてのあり方を見つめていくものなのである。太極拳が見いだしたのは、「悪」の中にある「善」であった。西洋では「善」と「悪」との闘争として宗教が説かれることも多いようであるが、太極拳では、完全なる「悪」や完全なる「善」はない、と考える。これが「中（中庸）」である。太極拳では、「中」の境地は、「至静」を感得することで得られる、と教えている。老子は、「至静」については、次のように述べている。

「牝《ひん》は常に、静をもって、牡《ぼ》に勝つ」

力の弱いメス（牝）が、オス（牡）に勝つのは、「静」を持っているからである、と教えているのである。

すでに攻防が始まってしまえば、力の弱い者が、強い者に勝つことはできまい。しかし、相手が行動を起こすと、同時に相手の動きを押さえてしまえば、力の強弱は関係のないものとなる。この間合いを会得したなら、年齢や性別に関係なく、相手を制することができるようになるわけである。この「同時」の間合いである「中」を体得すれば、現象としての争いが顕現しないうちに、これを治めることが可能となる。争いそのものが、生じなくなるのである。これが太極拳の「静」の間合いなのである。

第六十二章

逃げることと、追うこと、
これらが真反対のことと思うのは、幻想である。
尊いもの、優れたもの、
そうしたものがあると思うのも正しくはない。
大いなる道には、きまったものなどありはしない！
ただ、あれやこれやと比べるような、
よけいなことをしないでいれば、
自然と、おおいなる道と、ひとつになれる。

「善」なる気質

この章の現行のテキストでは、老子は、おおいなる道について、

「道は、万物の奥なり」

と、述べている。一方、馬王堆古墳から出た帛書『老子』には、

「道は、万物に注ぐ」

と、ある。私見によれば、老子のテキストとしては、帛書『老子』は、じつに深い内容を含んでいる、と思っている。

あるいは老子学派の秘伝、奥義のテキストであった可能性も否定できないであろう。もし、老子の秘教的な部分を研究しようと思うのであれば、帛書『老子』を一読されることをすすめたい。ちなみに、帛書『老子』は、『老子』を解説した本などでは、注のかたちでよく引用されており、簡単に見ることができる。

おおいなる道を、「万物の奥」とするのと、「万物に注ぐ」ものとするのとの違いは、おおいなる道の普遍性にある。「万物の奥」としても、おおいなる道の普遍性が伝わらないわけではないが、これでは表があったり奥があったりするようなニュアンスが出てしまう。それに対して、「万物に注ぐ」とすれば、あまねくおおいなる道の働きが及んでいることが、より明確になる。

ほかにも、こうした個所はいくつもあるのであるが、煩雑にもなるので、ここではもうひとつだけをあげておこう。第八章である。

「水は、よく万物を利して、しかも争わず」

とある個所である。これが帛書『老子』では、

「水は、よく万物を利して、しかも静をたもつ」

と、されている。最後の部分が「不争（あらそわず）」ではなく、「有静（せいをたもつ）」となっているわけである。ここでは、水の性質をして、上善なるものを解説しようとしている。上善とは、一般的な善ではなく、おおおいなる道の中にある、いうならば真の善のことである。もちろん、上善

は「争わず」でもよいが、これでは一般的で、ただ争うことのないことを言っただけになる。

争わないことの根本には、「静」がある。このことがなければ、おおいなる道の善の具体的な部分が伝わらない。つまり、「静」を感得することで、争いのない境地、すなわち、おおいなる道の境地を体得できるという具体的な教えである。「静」のことがなければ、具体的な修行にはつながらない、ということである。こうした部分が、帛書『老子』を、奥義の秘伝書と考えるゆえんなのである。帛書『老子』のような老子学派の秘密のテキストが、馬王堆古墳から出てきたことは、まことに驚くべきことである。我々は、これにより、老子のさらなる秘教的な教えを知ることができるようになった。

老子は、おおいなる道は、あらゆるところ、あらゆる人に降り注いでいる、と考えていた。そうであるから、おおいなる道は、

「善人の宝」

なのである。おおいなる道に触れ得た人は、おおいなる道とひとつになった生活を捨てようとはしない。もう、欲望におぼれた生活を、好ましいとは考えなくなるのである。おおいなる道は、それを体得した人に無限の恩恵をもたらしてくれる「宝」となるのである。

それだけではない。おおいなる道の恩恵は、ただ善き人にのみ降り注ぐのではない。

「不善の人の保《やす》んずるところ」

善からざる人にとっては、自分を守ってくれる存在ともなっているのである。欲望におぼれた生活をしている人でも、おおいなる道は、ときに自省を促す現象を示したりして、その人を守ってくれるのである。おおいなる道に心がおよばない多くの人も、こうしてときに反省をさせられたりすること

で、なんとか生活のバランスを保つことができるのである。また、こうした「反省」の機会を得て、不善なる人も、善なるものへの眼が開かれることもあろう。このように、おおいなる道は、つねに救いの機会を我々に与え続けているのである。

おおいなる道を感得するのに、ひじょうに優れたエクササイズである太極拳は、ただ練っているだけで、気質が変化をしてくる。静の気質となるのである。これは、おおいなる道と同じ気質となる、ということである。そうなると、自分の欲望に振り回されることもなくなる。こうなれば、その人はすでに善なる人といえよう。時間をかけて、ゆっくり太極拳を練っていけば、自然と気質は、善なるものへと変わっていくのである。

第六十三章

おおいなる道を悟ることのできる天機の訪れを、
特別なことと思ってはならない。
天機は、日々くらしている中に、自然に訪れるもの。
宇宙と等しい須弥山も、芥子粒の中に含まれるという。
天機も、どこにあるのか分からない。
なかなか容易には見つけられない山の中の鉱物も、
見つける方法を得たならば、簡単に見つけることのできるもの。
なにも方法を考えなければ、どのような簡単なこともなすことはできない。
おおいなる道と、ひとつになる方法とは、ただ無為であること。
自分勝手なことをしていたのでは、いつまでたっても、
おおいなる道を体得することなどできはしまい。

「無為自然」を味わう

中国武術では、「真伝」ということが重要視される。しかし、だれが真伝を得ているのかは、なか

なか判断しにくいものである。また、真伝を得ていると思われる師についたとしても、自分が本当に真伝を得られているのかどうかも分からない。たとえ師が、真伝を教えてくれていても、学びきれていない可能性もある。

わたしの四半世紀をすぎる武術の体験からいえば、長くひとつのものを興味をもって続けることができたのならば、その人は真伝を得ている、ということができるのではないかと思っている。もし、真伝を得ていないのであれば、これは自然の道ではないので、どうしても不満が出てくる。そうなると長く続けることはできずに、興味をほかのところに移さざるをえなくなる。真伝には、つきせぬ味わいがある。太極拳の真伝を得るとは、おおいなる道を感得することである。その味わいについて、老子は次のように述べている。

「無為を為し、無事を事とし、無味を味わう」

「無為」を行う、あるいは「無事」をする、というのは、ようするに特別なことはなにもしない、ということである。太極拳の修行であれば、ただ日々、套路を練る、ということである。そうした一見して無味乾燥に思えることの中に、つきることのない味わいがある。これを知ることができていれば、その人は太極拳の真伝を得ている、と言えるであろう。

いうまでもないことであるが、真伝とは、真《まこと》なる伝え、真理の伝えであるから、これはまさに、おおいなる道の伝えということになるのである。真伝を得るとは、おおいなる道とひとつになることである。そうであるから、真伝を得た者は、ここで老子が言っているような「無為を為し、無事を事とし、無味を味わう」ことができるようになるのである。

まず分かりやすいのは、「無味を味わう」であろう。わたしは、八卦拳を習っているときに「滋味を知る」ということを教えていただいた。拳を練っているうちに、なんともいえない味わいが感じられるようになるのである。この味わいを感じられるようになると、もう他に拳を求めようとは思わなくなる。

とくに鄭子太極拳には、こうした味わいにひたる人が多い。鄭子は、わずか三十七の動作しかないが、これを日々あくことなく、嬉々として練っている人が、じつに多いのである。台湾の公園では、台風でも来ない限りは、毎日欠かさずに、鄭子を練習しにくる人が、かなりいた。そして、こうした人たちは、拳のもつ魅力について、さまざまに語っていた。その中でも、共通していたのは、「舒服」ということであった。これは「気持ちがよい」という意味である。拳を練って心身が爽快になる。これが、拳の滋味を知るということである。

「無味を味わう」とは、思ってもみなかったような味わいを知る、ということである。これが、おおいなる道との出会いの第一歩となる。こうした境地に入ると、身の回りで、思ってもいなかったような不可思議なことが、それはある種の「導き」とでも言えるようなことが起きるようになる。そして自らの歩むべき道も、しだいに明らかとなる。

これが、「無事を事とし」ということである。自分で意図するのではなく、外的な要因で、そうならざるをえない状態になってくるわけである。神仙道では、こうした状態を天地自然の流れに乗った、と捉える。「無事」の道とは、「無為」の道でもある。套路を練る以外になにもしなくても、自ずから人生において良い動きが出てくるのが、「無事」を事とする、ということなのである。

こうした自然の流れにそった行動ができるようになるのが、「無為を為し」ということである。自分の欲望ではなく、自然の流れ、勢いのままの行動をしていると、自分の行為にとらわれることがなくなる。これが「無為を為す」ということである。

太極拳の真伝を得たなら、その人の生活は、本来のあるべき形となる。それまでの欲望や迷妄に曇らされていた状況を脱することができるようになるのである。そしてまさに、そこにおいて、無為自然であることの深い味わいを知ることができるのである。

第六十四章

なんでも、かんでも持とうとするのが、一番あやうい。
天機を得て、おおいなる道を悟ることで、心は落ち着く。
無為をなそうとすれば、無為への執着が生まれる。
ただ、つねに慎みの気持ちを持っていればよい。
そうすれば、まちがいの生まれることもない。
欲望をなくそうとして、その欲望にとらわれる。
よけいなことを学ぶまいとして、それにとらわれる。
ただ、自然であろうとして、それにとらわれる。
こうした道理をほんとうに理解するのは難しい。

「未病」を治す

かつて「気」のブームといわれた頃に、「遠当《とおあて》」などと称して、触れることなく相手を倒すパフォーマンスが、もてはやされたことがあった。同じようなことは、近代以前では、気合術などと称されて見せ物として行われていたようである。気合いひとつで、相手を昏倒させてしまうのである。

太極拳では、こうした相手に直接触れることなく、相手に影響をおよぼす働きを「凌空勁」という。ただ、気合術のようなものも、「凌空勁」に含まれないことはないが、気合術のようなことを行うのが、そのまま「凌空勁」である、と考えたのでは、正しくはない。気合術と似たようなことは、武侠小説などでは「百歩神拳」などという言い方で、よく出てくる。これは、百歩離れたところから、相手を倒すためである。

驚異の技とされた気合術もどきのパフォーマンスも、特定の相手に、特定の条件の下でしかかからないことが、次第に明らかになって、武術の技としては通用しないことが判明した。そうして、人びとの関心も、しだいに薄くなっていったのである。

よく、太極拳や気功は、「未病」を治す、といわれる。病気として現れない、ごく初期の不具合を治すというのである。老子は、

「その安きは、持しやすく、その未だ兆さざるは謀《はか》りやすし」

と、教えている。とくに大きな問題のない状態であれば、少しのメンテナンスで、その状態を維持することができる、というわけである。また、未だ大きな問題として顕現していないうちであれば、これに対処することは、じつに簡単である、ともある。

これを心身の健康でいうならば、健康な状態をそのままに維持することは難しいことではない、ということになろう。また、ごく初期の病気であれば、容易にそれに対処することができる。医師にかかるなど、他人の手をわずらわさなくても、ただ太極拳だけを練っていれば、健康を保持することは容易であるし、風邪などの少しの不具合であれば、それを自分で治すことができるのである。

じつは「凌空勁」も、こうした太極拳の「未病」を治す、といった観点から見ないと、本当のことは分からないのである。攻防であっても、健康であっても、太極拳がそれらに対する方法になんら変わりはない。いうならば「未病」を治すのも、ひろい意味では「凌空勁」のひとつとすることができるのである。

つまり、「凌空勁」とは、未だ戦いの始まる前に、戦いの根を断ってしまうものなのである。戦いは、相手と体が触れ合う前から始まっている。そもそも攻撃の意思がなければ、戦いは始まらない。まずは相手を打とう、というような意志があって、その次に実際の打ち合いになるわけである。

「凌空勁」とは、相手の争おうとする意識を察知して、それを押さえてしまう働きのことなのである。戦いが起こる前に戦いをなくしてしまうのは、病気が発生する前にそれを治してしまうのと同じである。

攻撃しようとするときには、意識が攻撃ということに集中する。緊張するわけである。これをリラックスさせてやれば、攻撃しようとする気持ちは消えてしまう。そのためには、こちらがリラックスしていて、相手の攻撃をしようとする間合いを外せばよい。これが、凌空勁である。凌空勁ができるようになると、戦いに負けることがなくなる。そもそも戦いそのものが、生じなくなるからである。

第六十五章

知識にとらわれると、ろくなことはない。
愚かでいれば、楽でいられる。
徳にとらわれないでいれば、
おおいなる道の徳である玄徳が生まれる。
玄徳は無為であるから、なんでもできる。

不知不覚の境地

「玄徳」については、第五十一章でも言及されていた。すなわち道とは、万物を生む生成の働きを持つものであり、徳は万物を蓄《やし》なう化育の働きがある、とされていたのである。

ここで老子は、「玄徳」には「稽式《けいしき》」があると言っている。「稽式」とは、普遍の法則のようなものである。「玄徳」が「玄徳」であるべき普遍の法則とはなんであろうか。老子は次のように述べている。

「智をもって、国を治むるは、国の賊たり」
「智をもって、国を治めざるは、国の福たり」

老子の言う「智」とは、人為の働きのことである。統治者は、人為をもって国を治めようとしてはならない。それは、国を害する「賊」となる、という。一方で、「智」を使わなければ、国に福をもたらすとする。

ようするに人為をもって行えば、社会がうまくまわらない、ということである。「智」による行為は、「玄徳」からはずれた行為ということになるのである。「玄徳」からはずれた行為は、おおいなる道の実践とはならない。そうなれば、国にあっても、調和が保たれなくなる。ただ、ここに見られるような通常のテキストであれば、老子はたんに「智」を否定しているだけということになるが、帛書『老子』には、

「不知をもって国を知《おさ》むるは、国の徳なり」

と、あるのである。「不知」とは、人為的な「智」を超えた英知のことである。おおいなる道とひとつになることで得られる無為の英知のことである。こうした「不知」の英知をもって国を治めることが、統治者においても、徳を実践し、ひろく国の中におおいなる道の徳を及ぼすことになるとするのである。

また、老子は「玄徳」について、「大順《たいじゅん》」であるとも述べている。太極拳では、しばしば「捨己《しゃこ》従《じゅう》人《じん》」の重要性が説かれる。これは、自分への執着を捨てて相手と一体となる、ということである。相手と一体となるというのは、まさに老子の言う「大順」そのものである。無為によって国を治めるように、無為によって相手に対するわけである。

無為によって相手に対するには、不知の英知がなければならない。不知の英知を得ている境地のことを、太極拳では、不知不覚の境にあるという。不知不覚の境とは、とくに意図することがなくても、

もっとも適切な動きのできる境地である。無為自然のままに動くことが、不知不覚なのである。

太極拳における不知不覚の実例として、隠身の術がある。隠身の術は、摩利支天の術として、戦国時代には、武将たちに深く信仰されていた。摩利支天は、陽炎《かげろう》を神格化したものとされており、陽炎のように捉えどころのないことが、隠身の術と重ねて信じられていたのであった。

隠身の術は、自分が居る、という情報を外に出さないことで可能となる。太極拳では、神を内に収斂させることが秘訣になっているが、これがひいては隠身の術につながるのである。隠身といっても、物的な体を消してしまうのではない。そうしたことは実際は不可能である。隠身の術とは、相手の意識に捉えられなくなることなのである。ここで実話をひとつ紹介しておこう。

ある太極拳を長く練っている人物がコンビニで買い物をしていた。外では車の中から三人の知人がいて、店内にその人物のいるのを見ていた。しかし、いつまでたっても、その人物は店を出てこない。しばらくして、店の入り口とは別の方から、その人物は歩いてきたのである。

実際のところ、その人物は、店を出て、コンビニの駐車場で、待ち合わせていた知人たちの乗る車を探していたのである。そのときには、当然のことであるが、隠身の術を使おうとは思っていなかった。もし、隠身の術を使おうと思ったならば、その情報が発せられるので、隠身となることはできなかったであろう。

つまり、隠身の術は、無為自然でなければできないのである。意図してはできない、ということは不知不覚でなければできない、ということである。不知不覚となるには、己を捨てる（捨己）ことがなければならない。これはまた自然と一体となった「大順」の境地を得ることでもある。

そして、このことはそのままに「玄徳」を修することになるわけである。「已を捨てる」とは、人為を捨てる、ということである。人為を捨てることで、我々はおおいなる道の英知を得ることが可能となるのである。「捨已従人」を練る太極拳は、「玄徳」の修練そのものなのである。

第六十六章

おおいなる道とひとつになるには、
自分の枠を超える勇気がなければならない。
おおいなる道とひとつになれるのは、
蛮勇をふるう者ではなく、恐れや迷いと和することのできる者である。
あらゆるものは、バランス関係にある。
あえてバランスを崩して、蛮勇をふるってみても、
おおいなる道とひとつになることは難しい。

「回光返照」と隠形法

鎌倉時代の文献である『覚禅抄』には、後白河法皇が、木曾義仲を「大威徳転法輪」をもって調伏したときの記録が残されている。このときには、相手への呪詛はもちろんのことであるが、付記に「隠形法」とあり、「隠形法」をあわせて修したことが見えている。これは、おそらくは、木曾義仲側に、呪詛を行っていることを知られないためであろう。

「隠形」については前章でも触れたが、じつは中世、近世にわたって、広く武士たちの求めるもの

であったのである。攻防において、もっとも有利であるのは、自分の存在を相手に知られないことである。死角というのも、そうであって、相手の見えにくい角度から攻撃ができれば、相手は防ぐことができないので、ひじょうに有利になるのである。とくに八卦拳では、死角が多用される。これを暗《あん》腿《たい》という。暗腿を蹴りの方法のように思って、いくつかの形を作っている派もあるが、形をきめてしまったのでは、暗腿にはならない。また暗腿は、蹴りに限るものでもない。暗腿とは、相手の死角から入身をするための歩法なのである。その中で、歩法の変化として、蹴りも含まれるわけである。

老子の説く「無為自然」も、じつは「隠形」につながる部分がおおいにある。

「聖人は、上におるも、民は重しとせず。前におるも、民は害とせず」

聖人による統治は、あたかも、その存在がないかのようである、と老子は教えている。聖人は、統治をしていても、人びとはそれを気にすることはない。また先見の明をもって、一見すれば民に不利益を与えるようなことをしたとしても、民は不利益を受けたとは思わない、というのである。

こうしたことが起こるのは、統治者である聖人の影が、人びとの視野から消えているからである。これは社会の流れ、森羅万象の働きと、聖人が一体となっているために、「民」は聖人がどのようなことをしても、不自然に感じないのである。不自然に感じないから、気にすることもないのである。これは、いうならば「隠形」の実践である。「隠形」が実践されれば、相手はこちらの存在に気づかない。存在に気づかないのであるから、そもそも争いの起こることもないわけである。つまり、「隠形」とは、無為自然であることによって実践されるのである。

「その争わざるをもって、故に天下よくこれと争うなし」

聖人は争うことがないため、この世にあって、聖人と争うことのできる存在はない、というのである。つまり、あらゆる争いの場に、聖人は立つことがないのである。これは、争おうという意識のある人には、聖人の存在が捉えられないからである。こうした隠形（隠身）を実際に行うには、意識を内にむける必要があることも前章で述べた通りである。神仙道は、こうしたことを回光返照といって、もっとも重要なことと教えている。

回光返照とは、外に向かう意識を内へと向けることである。太極拳では、気は活性化し、神は内に納まる、と教えるが、神が内に収斂されるのが回光返照である。回光返照に習熟してくると、人に存在を気づかれないばかりか、蚊などにも、その存在が知られなくなる。夏など外で練習しているときに、まわりの人は蚊にさされても、自分だけはさされない、ということも生じるのである。

第六十七章

慈悲、倹約、慎みの三宝を保つために、
あえて努力はしないこと。
ただ自然であればよい。
三宝は、人にとっては、明らかに行われるべきこと、
しかし、おおいなる道にあっては、
隠れて見ることのできないもの。

「三宝」を実践する

老子は、この章では、おおいなる道と一体となるための生活規範について、三つをあげている。

「慈」

「倹」

「あえて天下の先とならず」

以上である。これを老子は「三宝」と言って尊んでいる。

「慈」は、いうまでもなく慈悲のことである。あまねく、あらゆるものに慈悲の気持ちで対するの

である。老子は言う。

「慈なる故によく勇なり」

慈悲の気持ちがあるからこそ、勇敢であることができる、と教えているのである。慈悲のない勇敢さは、蛮勇というものであろう。また、勇敢さのない慈悲では、充分に慈悲を実践することはできない。

「慈」は、日本の神道でいうならば「和魂《にぎみたま》」である。「勇」は「荒魂《あらみたま》」である。和魂と荒魂が、ともに適切に働くことが大切なのである。適切に、とは和魂をベースに、ということである。荒魂が表立って働くのは、祭りや戦いのような特殊な場合に限られていた。通常は、和魂が働いているのがよいとされたのであった。日本のことを「大和」というのもそのためである。日本とは「大いなる和（魂）」の国なのである。

次に「倹」である。

「倹なる故によく広し」

「倹」は、倹約のことであるが、老子はこれを、よけいなことをしないこと、と考えていた。よけいなことをしないから、人は自然でいることができるのである。「倹」とは、必要なことまでをしない、持たないというのではない。必要であることは、十二分に行われなければならない。これが「広し」とあるゆえんである。

太極拳の稽古でも、一日に五回套路を練る必要のある人は、五回やらなければならない。二十回の人は、二十回行わなければならない。これが、三回でも二十五回でも、よろしくはないのである。

個々のことにおいて、よけいなことをしないから、いろいろなことができる。これが「倹」であり、また「広し」であることなのである。

三番目は、いうならば「慎み」の教えである。

「あえて天下の先とならず」

このように老子は語っている。また、あえて先頭を行くことがないからこそ、

「故によく器の長となる」

とも言っている。「器」というのは、いろいろな能力のことである。人は、他人と比べて、自分に能力がある、と思ったり、無い、と思ったりする。そして、できれば、自分には能力があると思いたいものである。老子は、他人と能力を比較するのはよくないと教える。これが、「あえて天下の先とならず」である。

そして、ただ自分の能力を磨けばよい、と教えているわけである。他人のことを気にする暇があったら、自分を磨け、というのである。人には、それぞれの「器」がある。自分の「器」の働きを十全に発揮させることが、幸せな人生となる。これが「よく器の長となる」である。持つべき自分の能力は、最大にこれを持たなければならない。持つべき財産や地位も同様である。

老子は、「慈」「倹」「あえて天下の先とならず」の三宝を守らないと、「死ぬ」という。「死ぬ」とは、その人らしさが失われるということである。外的な価値観や、小さな自分の欲望に振り回されていたのでは、おおいなる道とひとつになることはできない。これでは、生きている価値のないことになる。

そうした意味では、現代の日本の社会は、死人だらけの社会であるのかもしれない。

第六十八章

おおいなる道は、我々に光明をもたらす。
おおいなる道を実践すれば、争いの生ずることはない。
戦うこともないし、怒ることもない。
戦うことなくして、相手を制することができる。
ああ、なんとしたことか。
太古に盾と扇を用いた争いをまねた舞が始まったとき、
人はおおいなる道からはずれてしまった。
争うことを知ってしまったのだ。
争ってはならない。
ただおおいなる道と、ひとつになればよい。

争わずして勝つ

老子は、第六十六章でも、争いについての教えを述べているが、ここでは「争わざるの徳」という考え方を出している。

「善く士たる者は、武ならず」

「善く戦う者は、怒らず」

「善く敵に勝つ者は、与《とも》にせず」

老子は、善なる戦いについて、このように述べている。

第一に、老子は、おおいなる道とひとつになって善く戦うことのできる人物は、けっして闘争を好むものではない、という。これは、至静の境地にあるからである。

次に、おおいなる道とひとつになった者が戦うならば、怒りをもって戦うことはない、とする。これも、至静の境地にあることを言っているとすることができる。太極拳などの攻防は、相手を倒そうとして展開されるのではなく、相手の攻撃に応じる過程で、自然に心身が働いて行われるだけなのである。それは、なにかをプレゼントされて受け取るのと同じである。太極拳においては、非日常の動作である「攻防」も、そうした日常の動作のただひとつにすぎないものとなるのである。太極拳を使う者にとっては、つねに心身が「至静」の境地にあって変わることはないのである。

最後は、おおいなる道と一体となった人が敵に勝つのは、「与に」しないからである、とある。これには、たんに徒党を組むことがない、といったような解釈もあるが、自分自身が争いの中にいないこと、と解する方がよいであろう。至静の境地にある者に対しては、攻撃しようという意図そのものが失われてしまっているのである。

以上が、「争わざるの徳」である。「武ならず」も「怒らず」は、ともに本来的に争いが存在しないことを、老子は言っているわけである。それでは争いのない状態で「勝つ」とは、どのようなことな

のであろうか。老子は、

「人の力を用いる」

ことであると、教える。これは、まさに太極拳でいう「走」であり、「化」である。太極拳の攻防においては、自分の力を使うことは、できるだけ避けなければならない。そして、相手の力を充分に使うことが求められる。

「走」とは、攻撃してくる力の方向を変えることである。これにより、相手の攻撃は無効となる。「化」とは、攻撃してくる力を相手に返すことである。これには、相手の力を柔らかく受け止めて返すことのできるゴムまりのような身体を練る必要がある。

「走」や「化」といった具体的な方法があるからこそ、争うことなくして「勝つ」ことができるわけなのである。こうしてみると、太極拳はまさに老子の教える「争わざるの徳」を具体的に示すものであることが分かる。そうであるから太極拳は、老子の教えを体得するのに、最適なエクササイズなのである。

第六十九章

慈悲ある行為も、ただ哀れんでいるだけに見えることがある。
倹約する人が、貧しいように見られることもある。
自分を下にしたならば、相手を尊敬しているように見える。
敵を敵だと思い込まないこと。
本来、敵など居はしない。
宝を得れば、手放したくなくなる。
しかし本来、惜しまねばならない宝などありはしないのだ。

「引進落空」ということ

太極拳の提手上勢《ていしゅじょうせい》、手揮琵琶《しゅきびわ》、肘底看捶《ちゅうていかんすい》などには、独特の歩形が見られる。前足の踵を軽く地面につけ、つま先を少し上げた歩形である。これは太極拳に特徴的なものである。これと似た歩形としては、虚歩がある。虚歩は、つま先を軽く地面につけるもので、多くの中国武術に見られる。

陳家砲捶では太極拳を取り入れたが、肘底看捶などで踵をつける歩形は、一般的な虚歩に改められた。太極拳の踵をつける歩形は、相手の攻撃を迎え入れるときに間合いをとるためのものである。

太極拳で重視されることに「粘黏連随《ねんてんれんずい》」がある、「粘」も「黏」も字としては同意であるが、太極拳では「粘」を、相手の重心を浮かせること、「黏」は、そのまま離れないでいること、としている。つまり「粘黏連随」とは、「粘」と「黏」とが、連なり、随《したが》って、ともに行われることを意味しているのである。相手のバランスを崩して（粘）、そのまま相手を補足した状態を保つ（黏）ことなのである。陳家砲捶では、相手を呼び込むことがないので、太極拳に独特な歩形を採用することはなかったわけである。

また太極拳の打手歌には、次のようにある。

「引進落空《いんしんらっくう》して、合えば即ち出る」

引進落空とは、相手のバランスを失わせることである。「引」とは、体を引いて間合いを開くことである。「進」とは、前に進んで間合いをつめることである。「粘」は、間合いが遠すぎても近すぎても行うことができない。「引進」を使って、「粘」を行うことのできる間合いを作るのである。この場合に「引進」とあるように、基本的には太極拳では相手を迎え入れる「引」が、主となる。

そして「空に落とす（落空）」わけである。これは、バランスを崩すことである。相手がバランスを崩したら「粘」は完成する。そして、すぐに攻撃に転ずる。これが、「合えば即ち出る」である。

老子は、この章では用兵のことをして、「引進落空」のことを述べている。

「あえて寸を進めずして、尺を退く」

攻防においては、すでに述べているように、適度な間合いを得ることが重視される。ここで老子は、間合いをあける戦法を説いている。これは、まさに太極拳と同じである。そして、こうした戦法をと

れば、

「無兵を執《と》り、無敵にむかう」

ということになるとする。戦うべき兵も居なくなり、戦うべき敵も消えてしまうというのである。「引進落空」の戦法を用いれば、使うべき技（兵）もなく、敵とする相手もない、という状態になるわけである。人はバランスを失うとなにもできなくなる。これが「無兵」「無敵」たる太極拳の「引進落空」の戦法なのである。

「合えば即ち出る」の「合」とは、相手と一体となった状態である。「黏」である。攻撃をするということは、エネルギーの不均衡を生むことである。あえて偏りを生じさせることである。合気道の植芝盛平などは、こうした不均衡のことを、穢といった。そして、合気道は穢を禊ぐ道である、と教えたのであった。エネルギーの不均衡の解消である。

太極拳の「攻防」でも同様に、それはただエネルギーの不均衡を解消するにすぎないのである。そうであるから、特定の技などは必要がないのである。「合えば即ち出る」とあるように、相手のエネルギーの不均衡、滞りを解消するように動けばよいだけなのである。エネルギーの不均衡を解消するといった、禊の視点に立てば、技や敵といったものは、もはや存在する余地がなくなってしまうのである。

第七十章

それぞれには、中核となるものがあるという。
そして、中核となるものを知るのは、難しいという。
塩を水に溶かせば、
水でも、塩でもない、塩水の味となる。
塩水の中核となるのは、
水であろうか塩であろうか。
森羅万象の中核であるおおいなる道は、
あらゆるところに、その在ることを、簡単に知ることができる。
しかし、それを捉えることは、誰にもできない。

化勁、発勁を得る

清朝の末年、楊露禅が、北京で太極拳を教え始めた。これより、太極拳は世界へと広まることになる。露禅が太極拳を学んだのは、陳長興からであった。このときのエピソードに、三度にわたって露禅は、長興に道を問うた、とされるものがある。これは今日でも、太極拳を学ぶ者は、真摯に、熱心に学ばなければならないことの教訓として教えられる。

故郷で陳姓の者の使う拳に魅了された露禅は、陳一族の住む陳家溝へと旅をする。そこで、陳長興の家に入るのであるが、陳一族以外には陳家の拳である陳家砲捶は教えられないとして、露禅は拳を学ぶことができなかった。

しかし、そのころ陳家溝に入ってきた太極拳をかわりに習い、一定の功を得た。そこで、露禅はふる里に帰ることになる。このとき露禅は、長興より套路のみを学んでいた、とされる。

露禅は、学んできた拳を、故郷の武術をたしなむ人たちの前で披露して好評をえた。しかし、手合わせをしても、かんたんに負けてしまう。そこで、露禅は再度、陳家溝を訪れて、長興に教えをこうたのであった。

長興は、露禅の功が、次を教えるレベルに達していることを知って、化勁《かけい》を教えたとされる。化勁を学んだ露禅は、また故郷へと帰っていった。

そこで、また何人かの武術家と立ち会いをしてみた。すると、相手の攻撃をさばくことはできるが、なかなかうまく相手を制することができない。極め手を欠いていることに気づいたのである。

「さらに学ぶことがあるのではないか」と考えた露禅は、三度目の陳家溝への旅に出る。

露禅の功がより深まっていることを知った長興は、最後の教えとして、発勁を教えた。これを学びおえた露禅の太極拳は、攻防自在の境地に入ったとされる。

これが、露禅三度、陳家溝に太極拳を問う、である。太極拳を学ぶ者は、少しくらい上達したと思っても、いい気にならないで、さらに深い境地を求めるべく、真摯に努力をしなければならない、という教えである。

老子は言う。

「吾が言は、はなはだ知りやすく、はなはだ行いやすし。

天下よく知るはなく、よく行うはなし」

自分の言っていることは、じつに簡単であり、すぐにでも行えそうであるが、実際に本当のことが分かっている人はいないし、正しく実践できている人もいない、というのである。多くの人たちは、ただ老子の教えに対して、表面的な理解にとどまっているのみである、というのである。

露禅のエピソードは、物事の理解に「表、裏、奥」のあることを教えている。八卦拳では、定架子、活架子、変架子として、同様の段階のあることを教えている。

ちなみに定架子は、套路を覚える段階である。次の活架子は、一定のきまりのうえでの変化を体得する段階である。歩幅を広くしたり、小さくしたり、あるいはスピードを変えたりする。最後の変架子は、自在の変化を練る段階である。

太極拳では、套路を学び、次いで化勁を学び、最後に発勁を学ぶが、発勁は化勁の功が深まれば自然とできるようになる。また、化勁は套路に習熟すれば、自然にできるようになる。指導者は、套路、化勁、発勁へと功が自然に深まるように導かなければならない。ただ、ひたすら拳を練っていれば、功は自然に深まるのである。よけいなことをする必要はない。これが無為自然の道たる太極拳の道なのである。

第七十一章

自分が、なにかを知ったと思ってはならない。
これが、最高の学びである。
人は、自分がなにを知ったかすらも、本当は分かってはいないのだ。
そうして、こうしたまちがった理解のうえに、まちがった行為をしてしまう。
もう、ほかの人に聞いたりしてはならない。
自分が、自分のまちがっていることを悟らなければならない。
病気は、それを治すより他にない。
また、病気でもないのに、薬を飲む必要もない。
大切なことは、病気などは、
もともと無いものであることを悟ることである。

「病＝カルマ」の浄化

八卦拳では、好ましくない状態を「病」ということがある。黄柏年は『龍形八卦掌』で、「初学四忌と四病」をあげている。四忌とは、

一、前に伏してはならない。
二、後ろに仰向いてはならない。
三、左に傾いてはならない。
四、右に傾いてはならない。
である。ようするに「真っ直ぐに立つ」ということが、初学において求められることとされているのである。これに対して四病は、
一、前に伏している。
二、後ろに仰向いている。
三、左に傾いている。
四、右に傾いている。
である。四病があるために、それに注意するよう四忌があるわけである。この四つの「病」とは、いうならば、体のゆがみである。こうした体のゆがみがあるのは、その人の心身の行為の結果、つまりカルマのためと考えるのである。

太極拳を練っていると、いろいろと動きを注意され、直されることがあるであろう。これは、その人の心身のカルマが、動きのゆがみとして出ているからである。そうであるから、よく練習する人ほどよく直される、ということになるのである。こうして、動きを直されることによって、その人の心身のカルマが、浄化されるのである。

八卦拳の宮宝田《きゅうほうでん》は弟子を、公園で教える弟子、そして家の一階で教える弟子、二階で教える弟子に

分けていたという。この違いは、人数の違いでもある。公園では多くの弟子に教えるが、一階では少人数に、二階では個人指導というようであったらしい。カルマの浄化の指導は、たいへんにデリケートな部分もあるので、どうしても個人指導によらなければならない。いうまでもないことであるが、個人指導を受けるには、教えられる側に熱意と才能がなければならない。教える側、教わる側の条件が整わなければ、「病＝カルマ」の浄化はできないのである。

「知るを知らざるは、病なり」

このように老子は言っている。知るべきことを知らないのは、「病」であるというわけである。おおいなる道とひとつになったならば、知るべきことは、自ずから知ることができるようになる。そうならないのは、好ましくないカルマ（病）があるからであると、老子は言うのである。

好ましくないカルマが、本来知るべきことを知るのを妨げている、と考えるのである。

なにが本当に知るべきことなのかを判断することは、実質的にはできない。自ずから知ることのできたことが、知るべきことなのである。おおいなる道とひとつになったならば、自分の知るべきことの全てを知ることができる。知るべきことは自然と知ることができるようになる。これは、もちろんのことであるが、自分にとって知らなくてもよいことは、これも自然と知らないでいられるようになる。

およそ武術とは、あたりまえのことを、あたりまえにやるだけのものなのである。瓦を割ったり、高い蹴りをしたりするのは、武術の本道ではない。心身の「病＝カルマ」を浄化して、ごく自然にあるべきように心身が使えるようにすることが武術の本道なのである。

第七十二章

なまめかしい舞や、情緒あふれる歌に、心を惑わせているうちにときはすぎてしまう。
楽しい酒盛りや宴に、おぼれているうちに、若さは失せてしまう。
こうした一時の喜びにとらわれることの虚しさが、どうして分からないのか。
花は散るもの。
惜しんでも、またホトトギスの鳴く春になれば、
再び花は満開となる。
これと同じく、自然と一体となったおおいなる道の修行をしなければ、
永遠におおいなる道とは、ひとつになれはしない。
これが自然の道理というもの。

内的感覚と客観的事実

太極拳は、宋の時代に張三豊によって始められた十三勢から始まっている。のちに清の王宗岳が、十三勢を現在の太極拳の形にまとめあげた。ために太極拳は、十三勢といわれることもある。ちなみに張三豊の拳論には太極の考え方は見えず、王宗岳の拳論になって始めて太極の理をもって十三勢が

説明されるようになる。王宗岳は、その拳論の中で、身近にあるものを地道に修することなく、なにか直ぐに高い境地の得られる方法を求めることをとくに戒めている。道を修するのに安易な方法などない。他人が三回やるのであれば、自分は四回、五回と修練を重ねる気概がなければ、大成を期することはとてもできはしまい。どこかにあるかもしれない安易な方法を求める時間と熱意があるなら、いま自分が修している法を充分に練り込むべきであろう。

太極拳では、発勁ができるようにならないので、強い勁を発するとされる形意拳を混ぜて練習をする人もいる。こうした木に竹を接いだようなやり方では、最終的には太極拳の功を得ることができない。このことを、王宗岳は言っているのである。

太極拳を練る人が、優れた中国武術である形意拳や八卦拳に触れることは悪いことではない。しかし、それはあくまで見聞を広める、といったくらいに留めておかなければならない。もちろん、こうした拳からヒントを得ることは、あることであろう。ほかのものに触れることで視野が広まり、別な角度で太極拳を改めて見直すことができるようにもなるからである。

老子は、聖人とは、次のような人物であるという。

「彼を捨てて、これを取る」

つまり「これ」とは、自分自身のことである。身近にあるもののことである。老子は、おおいなる道を知ろうとするならば、自分の中に、あるいは自分とごく近いところに、それを求めればよい、というのである。植芝盛平も、いろいろな流派を修行したが、最終的な答えは自分自身の中にあった、と述べている。

太極拳のような道芸の武術にあっては、套路の修練は、いうならば套路を通しての自己との対話なのである。そして、そうした行為を通して、ある種の「悟り」を得るわけである。闘争を主とする武術では、あくまで他人と自己の関係性の中で、自己はとらえられる。ようするに「どちらが強いか」ということである。

しかし、道芸にあっては、自分と他人といった関係性は、消えてしまっている。あるのは唯一、自分の感覚だけなのである。ひたすら套路を練るのも、自分の感覚の覚醒、つまり自己の「悟り」を深めるためなのである。植芝盛平が、自分が武術を通して得ようとしていた境地が自分の中にあったことを発見したとしているのは、盛平が独自で道芸の境地にたどりついていたことを示している。ただ、道芸の危ういところは、それが独りよがりになりかねないところである。

「自らは愛しても、自らを貴ばず」

自分の内的な感覚の基準は自分にある。気が沈んだ、と感じるのも、自分であるし、勁がうまく発せられた、と思うのも自分である。老子は、そうした自分の得た感覚は、大切なものである、としている。それが「自らを愛しても」という意味である。自分が感じたことは、それはそれで貴いものなのである。

しかし、それにとらわれ過ぎてはならない、というのである。それが「自らを貴ばず」である。自分がすばらしい感覚を得たとしても、それをあまりに重大なことのように思うと、勘違いなどのまちがいとなりやすい。ときには推手などをして、実際に起こっていることと、自分の感覚に違いがないか、どうかを確かめる必要がある。

しだいに修行が深まれば、自分の持つ感覚と、客観的な事実との差が小さくなってくるものである。料理をする人も、長年の経験を積めば、どのような材料を使えばどのような料理ができるかを実際に料理は作らなくても想像できる、という。自己の内的感覚と客観的な事柄が一致するようになれば、真の意味で、大成をしたといえるであろうし、この段階になれば、指導者がいなくても、自分で稽古をすることができるようになる。

第七十三章

おおいなる道は、遙か彼方にあるもの。
また、ごく身近なところにあるもの。
柔らかであれば、おおいなる道に生かされる。
よけいなものをする者は、おおいなる道に殺される。
おおいなる道の働きに外れたことは、
あえてそれをするべきではない。
おおいなる道の働きを畏れて、自らをよく保たなければならない。

争わずして勝つ

この章には、有名な「天網《てんもう》恢々《かいかい》、疏《そ》にして失わず」という言葉が出てくる（一般的には最後を「漏らさず」ということもある）。これは、悪事はついには露見してしまう、悪いことはできない、といった意味で使われる。

老子は、天の働き、おおいなる道の働きは、あまねく存しているとする。そうであるから、おおいなる道の働きと異なるものは、存在し続けることはできないことになる。老子が、好ましくない、と考えているのは、人為的な行いのことであって、それは普通に考えられる「悪いこと」に限ったことではない。「あえてする」あるいは「あえてしない」といった人為的なことは、おおいなる道、天の働きと違っていると、老子は言うのである。悪いことであれ、良いことであれ、人為をもって行うことを、老子は良しとしないのである。

戦争でも、これを良しとする時代もあったし、そう考える人もいる。老子は、このように時代や立場によって変わってしまう価値判断は、おおいなる道のかかわるところのものではない、と考えるのである。こうした価値判断は、あくまで人為的なものにすぎない。老子は、天の道について、次のようにも言っている。

「争わずしてよく勝つ」

おおいなる道とひとつになったならば、争うことがない。しかも、自分は勝つことができる。これが、おおいなる道とひとつになった人の状態である、と老子は教えている。争わずして勝つというのは、物的なレベルでは不可能である。勝つには、先ずは争わなければならない。

ここでの老子の言っている「争い」とは、霊的なレベルでの「争い」なのである。霊的なレベルの「争い」は生じている。そして、それに勝つことで、物的なレベルでも勝ちを得ることができるのである。争いそのものがまったくないならば、勝つも負けるもない。しかし、老子は、勝つと言っている。これは、霊的なレベルでの「争い」であるから、物的なレベルで見れば、「争い」はないように見える。しかし、霊的なレベルでは「争い」はあるので、結果として「勝つ」ということが出てくることになるのである。

つまり「物的なレベルで争いの起こることはない。しかし、霊的なレベルでは、こちらは争いに勝っている。結果として、物的なレベルでも勝っているという状態になる」ということである。

太極拳では、最後には神明の境地に入る。これが、霊的な境地である。太極拳では、霊的な境地に入るために、まずは物的な感覚を繊細にする。相手に触れて、そこから発せられる微細な情報を読み取ることができるようにするのである。そして、これを深めて霊的なレベルに入るのである。

このときに重要なことは太極拳では、霊的なレベルと物的なレベルを区分けすることはしないということである。太極拳では、物的感覚と霊的感覚の違いは、その繊細さの度合いの違いにある、と考えるのである。いまだ粗いままの感覚では、物的なレベルまでしかとらえられない。しかし、ひじょうに繊細なレベルになれば、相手の心の状態も分かるようになる。鄭曼青は、相手に触れただけで、その人がどのような武術を修してきたか分かったとされている。

霊的な感覚、微細な感覚が育ってくると、おおいなる道の働きも分かるようになる。そうなれば、天地自然の流れと一体となることができるので、たとえ相手は争おうと思っても、争おうと思ったときに、その思いはなくされてしまうのである。打とうと思って近づいたら、その気がなくなった、というような状態が、争うことがなくて勝つことのできるレベルなのである。これが、まさに太極拳の神明の境地でもある。神明の境地に入れば、その人のいるところからは、争いが消えて、常に「勝った」状態になるのである。

第七十四章

生死の鍵は、おおいなる道にある。
おおいなる道に殺されるのを、むやみに恐れても仕方がない。
おおいなる道が生かしてくれれば、生きていける。
おおいなる道とは、福徳の気そのもの。
ただ、自分をゆだねれば、それでよい。

「内丹」を練る

老子は、統治の手段としての死刑を、おおいなる道に反すること、としている。いうならば死刑否定論者である。人の生死は、おおいなる道にゆだねなければならない、と考えるのである。ために死刑などによって、人為的に人の死期をきめてしまうのは、おおいなる道に反することになるのである。

太極拳は、健康に良い、とされている。そうしたこともあって、ときに「長生きはできますか」などと聞かれることもある。こうした問いには、

「より健康で、楽しく生きられるようになるとは思いますが、生死は天のきめることですから」

と、答えるようにしている。

老子の考えからすれば、人為をもって人の命を断つのもよろしくないが、人為をもって長生きをしようとするのも好ましくない、ということになるのである。古代の中国では、不老不死の薬が盛んに研究をされた。「丹薬」といわれるものである。こうした物的な「丹薬」のことを、外丹という。外丹には、漢方薬の部類に入るものから、水銀などの毒物を含んだものまで、いろいろな「丹薬」が考えられた。

長生きをしようとして、毒性のある「丹薬」を飲んでかえって早く亡くなってしまう人もいたのである。けっきょく不老不死の「丹薬」は、完成しなかったとされている。しかし、一説によれば、「丹薬」は完成したけれど、それは秘密にされていて、ごく少数の人たちだけが、その恩恵に預かっているという人もいる。

外丹が完成していたか否かは別として、古代以降は、しだいに外丹の研究はすたれていく。これに代わって、内丹という考え方が生まれてくるのである。内丹は、心身の平衡状態を保つことで、心身が円滑に働くようにするものである。太極拳も、当然のことであるが、内丹の系統に属している。

外丹が、なぜ廃れていったのか。それは、外丹が完成したかどうかの問題では、じつはないのである。たとえ外丹を飲んで数百歳の命を得ても、けっきょくは死の恐怖から逃れることができない、と分かったからなのである。帛書『老子』には、

「もし、民恒《つね》なるも、かつ必ず死を畏《おそ》る」

と、ある。もし、人びとが永遠と思えるほどの命を持ったとしても、それが永遠であることの保証はない。いつかは終わりのときを迎えるかもしれない。人は長生きを得ただけでは、死の恐怖から逃

れることはできないのである。いうならば外丹では、その視線が「死」にあった。「死」から逃れようとしたのである。しかし、内丹では、その視線を「生」へと転じた。「死」から逃れるよりも、「生」を充実させようと考えたのである。

『西遊記』では、あらゆる仙術を身につけて不老不死となった孫悟空が、五行山に押さえつけられる。五行とは物的な世界のことである。どのような超能力を持っても、たとえ不老不死となっても、物的なとらわれ、心の不安から逃れることはできない、と教えているのである。そこで、悟空は心の修行、つまり、内丹の修行のために、仏教へと入っていくことになる。

『西遊記』で説かれているのは、仏教の入った神仙道である。主に北方の神仙道は、仏教を取り入れることで、心の問題を解決しようとした。そして、北方の神仙道のひとつの流派である伍柳派では、神仙道の中に仏教の教えと共通する部分を見つけて、神仙道で説いていることと仏教の教えとは同じであるとする考え方が説かれるようになる。太極拳も、最後には内丹、つまり心の領域に入らなければ、本当の姿は見えてこない。

第七十五章

どうすれば、民をして飢えさせないようにすることができるのであろうか。
もし、人がなにも食べなくてもよい生き物であったなら、
政治はひじょうに簡単であろう。
税を得ようとするならば、バランスを、よく考えるべき。
民の生活をよくして、適切に税を取れば、すべてはうまくいく。

均衡状態を得る

神仙道では、修行の階梯として、次の四つをいうことが多い。
煉精化気
煉気化神
煉神還虚
還虚合道
これらは、「精」から「気」、「気」から「神」、そして「神」から「虚」、「虚」から「道」へと、粗大なエネルギーのレベルから、しだいに微細なエネルギーのレベルに入っていくことを示している。

チベット密教では、もっとも粗大なエネルギーのレベルを肉体として、もっとも微細なエネルギーのレベルを光ととらえることもあるようである。これは、大日如来が光にたとえられることとも関係していよう。最後には「虹の体」になるといわれるのも、大日如来と一体となる、すなわち即身成仏をする、ということなのである。

神仙道では、微細なエネルギーは、最後には「虚」「道」の世界へと入っていくとする。「還虚」とあって、「煉虚」とされていないのは、もはや「虚」は物的なレベルのものではないからである。「精、気、神」は、あくまで物的なレベル、後天の世界のものであるが、「虚」はそれらの根底にあり、それらを超えたもの、ただ還《かえ》るだけの先天の世界のものなのである。

「精」「気」「神」と、心身の微細な感覚が育てば育つほど、心身の平衡状態の微調整が可能となる。そして、心身の平衡状態が、完全に整えられたときに、それは人が本来あるべき状態となる。つまり「虚」と通じた状態となるわけである。神仙道では、こうした「虚」の感覚のことを、祖気と称することもある。人が本来持っている根元の感覚、エネルギーということである。

老子は、ここではシステムの平衡状態を得ることの重要性を述べている。

「民の饑《う》うるは、その上の税を食《は》むことの多きをもってなり」

人びとが食べていけないのは、税を多く取りすぎるからである、と老子は言うのである。また、

「民の死を軽んずるは、その上の生を求むることの厚きをもってなり」

とも述べている。人びとが、自暴自棄となって簡単に死んでしまおうとするのは、上に立つ為政者が、自分のことだけを考えて、人びとの生活を顧みないからである、というのである。

これらで述べられているのは、システムの中における平衡状態である。「民」と「上」とのアンバランスが、社会の平衡状態を乱している、と老子は教えているのである。社会というシステムが壊れてしまえば、為政者も、そのままではいられない。もし、為政者が、自分のことだけを過度に重んずることがなければ、社会というシステムは、すべての人にとって良く作用する、と老子は考えるのである。

老子は、過度の欲望を持つことさえなければ、社会でも、人体でも、あらゆるシステムが平衡状態を保つことができる、そして滞りなく働く、と考えたのである。太極とは、陰と陽のバランスのことである。そして、二匹の魚が互いに乱れることなく追い合う双魚図は、対立するものが、完全なる平衡状態にあることを示している。

太極拳では、人を「小太極」として、森羅万象を「大太極」という。もとより無為自然である大太極にあっては、陰陽のバランスが崩れることはない。しかし、いろいろな欲望を持って有為により動いてしまう人、つまり小太極にあっては、しばしば陰陽のバランスが乱れている。これを正そうというのが、太極拳の目的なのである。そして、「虚」「道」とひとつになったとき、人は大太極と同じく完全なる陰陽の平衡状態を得るのである。

第七十六章

おだやかにいて、よけいなことをしないでいれば、
争うこともない。
そこには、生命の力が充溢している。
これはまた、かたくななものをも動かすことができる。
かたくなな道に外れたものは、
そのままでいることなどできはしないのだから。

「柔弱」をもって勝つ

太極拳が、「柔」の武術であることは、よく知られていることであろう。太極拳で「柔」の大切さを説くときに、次のような老子の言葉が、よく使われる。

「堅強なるものは死の徒、柔弱なるものは生の徒なり」

堅く強いことは、「死」の特徴であり、柔らかく弱いことが、「生」の特徴であるというのである。ために「柔」を練る太極拳は、「生」を育むものである、とすることができるわけである。また、老子は「強」と「柔」とでは、「柔」が勝るともいう。

「兵強ければ、すなわち勝たず」

「強大は下におり、柔弱は上におる」

強い兵では、勝つことができない。強大なものは、柔弱に従属させられる、と老子は教えている。しかし、こうした老子の言は、一見すれば、現実味が薄いようにも思われる。やはり、柔らかく弱いものは、強く堅いものには勝てないように思われるのである。

これを正しく理解するには、やはり帛書『老子』を見なければならない。帛書『老子』には、ただ「柔弱」とあるところが、「柔弱、微細」とあるのである。ただに柔弱であるだけでは、もちろん堅強なるもの、強大なるものに勝つことはできない。柔弱に微細が加わらなければ、老子の言うようにはならないのである。

ただ「柔」であるだけではないことを示すために、太極拳では「至柔」という語を使うこともある。つまり、太極拳の「柔」には、「柔弱」とともに「微細」ということが含まれているのである。太極拳では「微細」な感覚が養われなければならない。「微細」な感覚を養うには、「柔弱」を知らなければならない。

太極拳において「微細」な感覚を養うのは、相手の動勢を知るためである。そして、「柔弱」であるのは、相手の動勢に応じて、こちらが変化をするためである。「弱」とは、こちらからは出ていかない、ということであり、武術的には「合気」を意味する。まずは相手の攻撃を受け入れる。あるいは呼び込むといった方がよいかもしれない。相手の攻撃を呼び込んでいるあいだに、こちらは状態を変化させるのである。

相手に応じてこちらが変化をするので、優勢であった相手も、劣勢に立たされることになる。これが、「柔弱（繊細）」が「強大」に勝る原理である。「強大」なるものの最大の弱点は、変化の困難さにある。そこを利用するわけである。

ただ、攻防をのみいうなら、「強大」には、「強大」であることの利がある。「柔弱」には、「柔弱」であることの利がある。それにもかかわらず、太極拳が「柔弱」をとって尊いのは、それが、おおいなる道、生成の働きと一致しているからに他ならない。

第七十七章

本来すべては、同じもの。
あえて、そこに違いを見つけようとしても、
おおいなる道に外れたそのような行いは、
長く続くものではない。
ただ、黙って自然でいれば、それでよい。

「中庸」を得る

太極拳で養うべき「気」に、「中和の気」がある。これは、儒家で重んじられる「中庸」ということと同じである。儒家と道家は、あい対立するもののように受け取られることがあるが、これは大きなまちがいである。

それは、儒家と道家とが、同じ中国文化の土壌に生まれたものであるということもある。儒家の教えの中にも、神秘的なというか、ある意味で道家的な部分が含まれている。儒家でもっとも重んじる『易』は、もともとが占いの書であり、いうならば占いを通して得た神秘なる啓示の記録であった。

また、道家では老子もさかんに天下のことや政治のことを論じているように、ただ隠逸をするのが

るのである。

道家の姿ではない。道家の中にも、儒家と同じように政治を視野に入れた考え方が、充分に認められ

ために後には、道家のあいだで伝わっていた太極図が儒家に入るし、儒家で重んじられている『易』も、道家の思想に取り込まれるのである。中国人は、ときに応じて儒家的なものと道家的なものを適宜、使い分けていた。社会的にめぐまれて活躍をするときには、儒家の考え方で行動し、めぐまれないときには、道家的な生き方をする。これは、長い時間の中で、中国人が得た処世術でもあった。

そうであるから太極拳も、道家的な部分のみでこれをとらえようとしても、充分ではないのである。中和の気、中庸といった考え方も、よくこれを考えてみなければならない。

「天の道は、余りあるを損じて、足らざるを補う」

老子は、おおいなる道である天の道は、余っている部分があれば、これを削るし、足らない部分があれば、それを補って平衡状態を保つ、としている。これに対して「人の道」では、どうであろうか。

「人の道は、すなわちしからず。足らざるを損じて、もって余りあるに奉ず」

老子は、「人の道」にあっては、不足しているところを、さらに削ってしまうし、余っているところに、さらになにかを加えてしまう、と言うのである。つまり、平衡状態を乱してしまうのが、「人の道」であるとするわけである。こうしたことにならないためにも、我々は「平衡状態」を保つ方途を身につけなければならない。

平衡状態を保つ第一の秘訣は、こだわりを持たないことである。こだわりを持つから執着が生まれる。執着が生まれると、平衡状態を維持することが困難になる。社会で活躍をしても、自分の地位や

財産に執着を持つことがない。これと同様に隠逸の生活にあっても、隠逸に執着しないことが大切なのである。

「聖人は、為して恃《たの》まず。功なりてもおらず。その賢なることを見《あら》わすを欲せず」

老子は、聖人はなにかを行っても、それにとらわれることがない、という。成功をおさめても、それにとらわれることがない。またあえて自分の能力をひけらかそうとはしない。太極拳を練っていて、いろいろな能力が開かれたとしても、それにとらわれていたのでは、おおいなる道とひとつになることはできない。過度にとらわれることがなければ、自ずから適切なバランスが保たれて、平衡状態、すなわち中庸が維持される。こうした状態にあってこそ、中和の気も養われて、心身の調和が保たれるのである。

第七十八章

虚であれば、あらゆるものを受け入れられる。
弱であれば、あらゆるものと争うことがない。
心を虚しくして、こだわりの気持ちを弱くする。
これが、「一」を得て、安らかである、ということである。

「点穴」を知る

ある意味で、『老子』は、『論語』などにくらべれば、日本人から遠い存在のように思われがちであるが、じつは意外なほど、我々の日常生活の近いところにあるのである。これまで触れてきた言葉もそうであるが、この章に記されている次の語も、よく耳にすることであろう。

「柔の剛に勝つ」

日本の柔道を語る場合などに、よく言われることである、柔なるものが、剛なるものを制することができる、という教えである（一般には、中国古代の兵法書の『三略』にある「柔よく剛を制す」の言い方がなじみが深いかもしれないが、意味は同じである）。

日本では、近世を中心として、柔術が発展し、これが後の柔道となった。柔道も、「やわらの道」

といわれるが、日本の武術の伝統の基盤には、こうした「柔」の考え方があったのである。自分の力を主とするのではなく、相手の力を利用することを考えたのが、「やわらの道」であった。

合気道の「合気」なども、神秘めいた不可思議な技法のように言う人もいるが、基本的には、崩しの技法であり、使われている原理そのものは、柔術で普通に行われていることと変わりはない。ただ、大きく他の柔術技法と違ってみえるのは、合気道ではだいたいが、手のみを使って崩しを行うためであろう。合気道で、手のみを使って崩しを行うのは、「自分が剣を持っているときに、相手に制せられる」という場面が、第一に想定されているからである。

この場合、こちらは剣を持っているのであるから、相手を崩して、剣を自由に使える状態になればよいわけである。剣を離すことはできないし、相手が体勢を崩したならば、すぐに斬りつけなければならない。そのために、足技を使わないのである。足技を使うと、どうしてもこちらは不安定になり、すぐに刀を使うことができなくなる。また、あくまで剣を使える状態になればよいのであるから、相手を大きく崩して、投げたりする必要のないことも、足技がない原因となっている。剣を持っていない状態であれば、手だけで相手を崩すのは、効率が悪すぎる。ために他の柔術では、合気道のような手だけを使うような崩しが中心となっていないのである。

「やわらの道」の流れは、陰流といわれる一連の剣術の中にも見ることができる。近世では、陰流から出て柳生家に伝えられた新陰流がよく知られている。こうした陰流も、相手の動きの裏をとる、その動きを利用することで、相手を制することを考えたのである。このように「やわらの道」は、剣術の陰流から柔術、そして合気道まで、日本の武術の歴史において、長い伝統を有しているのである。

もちろん太極拳も、「柔」の武術である。一般には太極拳のほかに八卦拳や形意拳、それに秘宗拳や通臂拳も、「柔」の武術とすることがある。

それでは、「柔」が「剛」に勝つ理合いとは、どのようなものであろうか。老子は、もっとも柔弱なものとして「水」をあげる。

「天下に水より柔弱なるはなし。しかも、強堅を攻むるもの、これによく勝るなし」

水は、もっとも「柔弱」なるものであるが、「強堅」を攻めるのに水がもっとも優れている、というのである。こうした一見して矛盾するような視点を投げかけるのは、老子の得意とする論法であるが、その答えを老子は次のように述べている。

「そのもって、これを易《か》うること無ければなり」

水滴が岩をも穿つのは、同じところに水が落ちるからである。また、水はノズルを小さくして、水圧をかけて一点に集中させれば、ひじょうに大きな力を発揮する。岩やコンクリートを切断することもできる。

こうした水の特徴に、老子は「柔」をして「剛」に勝つ秘訣がある、というのである。これを武術的な観点からいうと、

第一に攻撃点が変化をしていないこと

第二に微調整がなされていること

が、あげられる。水を一点に当て続けると、その個所はしだいに削られていく。そして、その表面は、削られるにしたがって変化をする。しかし、水は柔らかいものであるから、状態の変化に応じて、

自然に微調整がなされる。ために、もっとも効率的なかたちで、当たり続けられるのである。

このような「攻撃点が変化をしない」ことと、「微調整がなされる」ことによって、「柔」は「剛」に勝つことができるのである。攻撃点が変化しないとは、一撃で相手を倒せる、ということである。二度も三度もいろいろなところを打たないでも、相手を制することができる、というのである。こうした攻撃を太極拳では「点穴」という。一般の中国武術では、点穴は経絡の弱い個所を攻めることと解されている。そして「点穴」をすることで、相手が気絶するような経穴《つぼ》は「打穴」であり、死んでしまうような経穴は「不打穴」として伝えられる。相手が昏倒するような経穴は、打ってもよいが、死んでしまうような経穴は、軽々に打ってはならないからである。

ただ「点穴」については、一方で限られた部位、しかも、ごく小さな経穴といったような部位を意図的に攻撃しようとしても、実戦ではなかなかできるものではない、という意見もある。たしかにそうである。太極拳での「点穴」は「口授穴之存亡論」という拳訣では、点穴のことは口伝でなければ、とうてい伝えることのできないものであることを断ったうえで、「学ぶのが難しい」「生死にかかわることである」「多くの人に伝えるべきことではない」といったことにも言及されている。

これは、太極拳の「点穴」が、ひじょうに微細な感覚を使うためである。ごく微細な感覚が育っていない人には、どうしても「点穴」を伝えることはできないのである。人の体には、肉体にも、霊体にも、滞っている個所が必ずある。その一点は、常に移動をしている。これを突くのが、太極拳の「点穴」なのである。

これは経穴に限るものではないが、結果として経穴は、気血の滞りが起きやすい。ために「点穴」

というと、経穴をのみ打つが如くに誤解されるようになったのであろう。正確に「点穴」をいうなら「経穴」は、ひとつの象徴にすぎないとも言えよう。そして、それは瞬間に感覚として、その一点が捉えられるものなのである。「点穴」は、あらかじめ狙って打てるものではない。

自分が、おおいなる道とひとつになって「虚」の状態、すなわち不知不覚の状態に入ったときに自ずからできるようになるのが「点穴」なのである。心身の滞りのことを植芝盛平などは、穢といっていた。そして合気道は、穢を禊ぐものであるとしている。そうであるなら合気道でも、「点穴」が使われなければならないことになる。

植芝盛平は、合気道の実戦は「当身が七分である」と言っていたが、その意味の中には「点穴」としての合気道が、意識の深いところではイメージされていたのかもしれない。この意味を知るには、また「当身」と「突き」の違いも分かっていなければならない。「当身」は、相手の心身の状態を変化させるもので、ただパンチを打つ「突き」とは違っているのである。

相手の一点に触れただけで、相手の闘争心、つまり穢をなくさせる。それが合気道の「当身」であり、太極拳の「点穴」なのである。

第七十九章

相手の存在も、自分の存在も、
ともに忘れてしまう。
こうして、おおいなる道と一体となる。
おおいなる道と、善なる人は、
つねに、ひとつなのである。

「中」を守り、「一」を抱く

ゾロアスター教では、善思、善語、善行の三徳を重んずる。密教では、身《しん》、口《く》、意《い》の働きを、三密として重視する。具体的に、なにをもって「善」とするのかは、それぞれの立場や考え方によって同じではあるまいが、大切なのは「善」を実践しようとする思いであり、行為することである。

老子も、

「天道に親なく、常に善人に与《くみ》す」

と、教えている。おおいなる道である天道は、なにか特定のことを良しとするのではなく、善なる人を常に助ける、というのである。これは、善なる人の運命は良いものとなる、ということでもあろう。

中国では、『功過格』という本があり、なにが「善」行であるのかを示している。その中では、人を助けることが、善のポイントが高く、人を害することが、マイナスのポイントとして示される。そして、日々の生活の中で「善」行を多く積むことにより、その人の運命は好い方へと転ずる、と教えるのである。

現在、武術を修している人は多いが、自身の武術の練習が、運命的なものと関係していると考える人はあまりいないかもしれない。しかし、かつての武術の伝書には、摩利支天の法であるとか、九字護身法といった密教的な呪術の法が「口伝」として記されていた。これらは武術の稽古が、たんに目の前の敵を倒すということに限られるのではなく、まだ出会っていない敵との遭遇を避けるなど、運命的な部分をも含めて修練されていたことをうかがわせるものである。

実戦というのは何時、どのような形で始まるか分からない。場合によっては、自分の実力を出せないこともあろう。こうした予期せぬ「不運」にあわないための工夫を、かつての武術家たちはしていたのである。太極拳でも、もちろんこうしたことは視野に入れられている。ただ、太極拳では呪術を使うようなことはしない。呪術で助けられるのは、あくまで人為の範囲に限られるからである。

人為、つまり有為には、限界があるのである。また、いくら呪術をかけても、それが破られることもあろう。そこで、もっとも強力な霊的な防御法として、おおいなる道とひとつになることが見いだされたのであった。つまり、おおいなる道とひとつになって生きること、無為自然であることが、絶対なる防御の法であることが分かったのである。そして、おおいなる道とひとつになって生きていれば、その行為のすべてが、「善」行となるのである。

「天網恢々《てんもうかいかい》」といわれるように、おおいなる道の働きは、あらゆるところにあまねく存している。自分はなにもしなくても、「善」行をしていれば、自ずからおおいなる道の助けが得られるのである。

こうした境地を、太極拳では「守中抱一」という。「中を守りて、一を抱く」である。これは、常に中庸が守られていて、常におおいなる道（一）と離れることがない、という境地である。ちなみに楊澄甫の息子は、守中と号していた。太極拳においても、「守中抱一」が目指すべき重要な境地であるためである。

第八十章

大いなる道とは、無為の道である。
そうであるから万物は、なにもしないでも、
適切に治まっている。
それは、自然のまま、
ただ、自然のままであればよい。

霊的なもの物的なもの

ここでは、「小国寡民」の語が出てくる。「小国寡民」は、中央政府の権限を弱くして、地方自治をより推進すべきとする、昨今はやりの、いわゆる「小さな政府」を論ずるときに使われたりもする。また、老子の言う「小国寡民」とは、文明を拒否した無政府主義の考えのように解されることもある。

「什伯《じゅはく》の器あるも、用いざらしむ」

「什伯の器」とは、文明の利器のことである。老子の考えていた国のあり方とは、文明の利器を使うことを拒否した小さな村落共同体のようなものであった、とこの一節からは解される。しかし、こうした文明を拒否したような社会は、現実にはなかなか望むべくもない。はたして、人びとが生涯を

自分の生まれた地域の中だけで過ごしてこと足れりとする、これが老子の理想とする社会であったのであろうか。

「民をして、死を重んじ、遠くうつらざらしむ」

これは、人びとに死を重要なことと認識させて、遠くに移動させないようにする、ということである。こうした記述からも、ただ小さな共同体の中に留まって祖先を大切に生きていく、というような生き方が想像される。

しかし、一方で帛書『老子』には、次のようにあるのである。

「十百人の器あるも、用いることなからしむ」

「民をして、死を重んじて、遠くにうつらしむ」

帛書『老子』では、多くの才能のある人がいても、これを用いることはしない、というのである。そして、人びとには、死を重んじて、遠くに移らせる、としているのである。遠くに移らせるのか、移らせないのか、この部分は、通常のテキストとまったく反対である。

帛書『老子』では、多くの才能のある人がいたとしても、すべてを使う必要はない、という教えが述べられているわけである。いくら才能があっても、十人も、百人もの人を使う必要はない。一人なり、二人なり、適切な人数だけを使えばよいというのである。これは、すでに見てきたように、老子に共通する考え方である。

しかも、民を遠くにうつらせる、とあることからも分かるように、老子は、たんに文明を拒否するようなことは考えていないのである。文明の利器に眼を奪われて、過剰にそれを使うことを戒めているのである。また、死を重んじる、というのも、閉鎖的な社会の象徴ではなく、霊的な世界へも眼を向けることとの重要性を説いているものと思われる。

物的なものが急速に進歩する時代にあっては、どうしても霊的なものが見失われてしまいがちである。このアンバランスが、欲望を肥大化させることになる。物的なものは、「生」の充足の糧ではあるが、それだけでは人間は、真の意味での満足、安心は得られない。霊的なものは、物的なものと同様に、生きるための糧なのである。

老子は、第一章で、おおいなる道を、

「玄のまた玄」

と、形容している。「玄」は、古代の辞書『説文』によると、「幽遠なり」との説明がしてある。遙かな世界なのである。また、「玄」は「黒」ということでもある。これには、死者の世界のイメージとも重なる。日本にあって、永遠の楽土である「とこよ」が「常夜」であり「常世」であるのと同じく、老子の説く「玄」は、死の世界であると同時に、生の世界でもあるのである。

「死」を重んじるとは、「玄」なる世界を重んじるということでもあり、それは、おおいなる道を重んじるということでもある。おおいなる道にあっては、物的なものも、霊的なものも、ともに否定されはしない。それらがもっとも適切なバランスで存しているのが、おおいなる道の世界なのである。

第八十一章

いろいろなものを持つのは、
おおいなる道にしたがうこと。
争わないでいるのが、
ほんとうのおおいなる道である。
道家も、儒家も仏家も、すべては同じ。
よけいなことを言わないで、
静かで、ただ仁愛の心を持てばよい。

害せず、争わず

老子は、八十一章の最後を、次のようにむすんでいる。

「天の道は、利して、害せず。

聖人の道は、為して、争わず」

これらのことは、のちの神仙道では、「性」と「命」として、ともに重んじられるようになる。つまり、性命の双修である。これはまた「道」と「徳」との双修ということでもある。天の道と、聖人の道とは、これをともに修めてこそ、真の意味で修行は、完成するのである。

天の道（性）は、霊的な道であり、それは相手に利益を与えるだけで、害を与えることはない、とされる。一方、それが物的にあらわれたのが、聖人の道（命）である。ここでも、いろいろな行為はなされるものの、けっして争うことがない、とされている。「害せず」「争わず」が、おおいなる道の霊的、物的なあらわれなのである。

そして、こうした道をもっとも修しやすい形で提示しているのが、太極拳である。それは太極拳が、「害せず」「争わず」の道であることでも分かる。太極拳のもとになった十三勢を考案した張三豊は、闘争を追究していった。そして、その根底にあるのが、おおいなる和合（太和）であることを見いだしたのである。闘争が争いのみであると考えるのは、表面的に過ぎると、張三豊は考えたのであろう。そして、闘争の中のおおいなる和合を修するためのエクササイズとして、十三勢が生まれたのであった。

「信言は、美ならず。
美言は、信ならず」

真実の言葉は耳に聞きよい、と思われるかもしれないが、必ずしも一般の人からすれば、聞きよいとは思えないものである。また、聞きよい言葉は、通常は信用がおけるように思われるかもしれないが、必ずしもそうではない。このように老子は教えている。

おおいなる道を知ることのない多くの人は、本当の姿を見ることができていない。しかし、おおいなる道とひとつになった人であれば、真実の姿を見ることができる。こうした人には信用のおける言葉は、美しい響きをもって聞こえるであろうし、そうでない言葉には、美しい言霊の響きを感じることはない。

「害せず」「争わず」の太極拳の道を、「これは武術ではないのではないか」と疑う人も少なくない。これは、武術を相手を倒す闘争の手段と考えているからであろう。しかし、真の武術は「害せず」「争わず」というところにあるのである。

そもそも武術とは、人が生き抜いていくための方途であった。究極のサバイバル術であったのである。そのためには、自分への危機を回避する必要がある。攻撃してくる相手は倒してしまう必要がある、と考えられたのであった。しかし、さらに深く危機回避の方法を追究してみると、相手を倒すよりも、争いそのものが生じないようにすればよいことが分かってきたのである。そして、どうやら「害せず」「争わず」の道の方が、我々が生きている世界の根本原則にそっているのではないか、と思われるようになったのである。

それは、「害せず」「争わず」というような生活を送る方が、心身にとっても良いことが体験されたからであろう。我々太極拳修行者は、太極拳を修練していて、「害せず」「争わず」といった生き方が、より楽しく、幸福であることを実感している。おそらく、多くの人は「害せず」「争わず」といった世界は、本当にはないのではないか、と思うことであろう。しかし、それを信じてみるのもよいのではないか、とわたしは考える。老子も「信言は、美ならず」と言っている。信じられないかもしれないが、信じてみる価値のある世界、それが老子の説く世界であり、太極拳の持つ世界なのである。

あとがき

中国では、自分の考えを述べるときに、あえて個人の著作というかたちをとらないで、古典の注釈として、それを言うことが少なくない。『論語』にも「述べて作らず」とある。こうした文化的風土に中国の知識人たちはいたのである。

「述べて作らず」とは、自分の考えが、もし価値あるものであるなら、必ず古典の中に同じようなことが書かれているはずである。そうであるから、古典の中に、自分の考えを見いだすべきである、ということである。また、それは自分の考えをあからさまに主張しない、慎みを持つということでもある。加えて、自分の考えの正しいことを古典をもって証明することでもある。

こうした文化的風土があるので、『老子』の注はじつに多い。『荘子』などと違って短いので注をしやすい、ということもあるのかもしれない。ここでは、あくまで太極拳や八卦拳などの道芸を深めるうえで有益な注をのみ取り上げてみた。

一、やはり第一にあげなければならないのは、河上公注であろう。河上公については、どのような人物か、よく分かっていない。この注の特色は、なんといっても、実際に行を行ううえで、ひじょうに有益であるという点にある。たとえば「谷神は死せず」（第六章）については、次のようにある。「谷」とは「養う」ということで、「神」は「五臓の神」のことである。もし、よく五臓の気を養ったならば、人は長生不死となる。（『纂図互註老子道徳経』）

二、次にあげなければならないのは王弼の注であろう。これも、ひじょうに有名な注で、河上公の注とならぶ二大注釈とされている。王弼のものは、逐語的な注ではない。ひとまとまりの文章について、簡潔な解説をしている。ために読んでいて、分かりやすい。河上公注に比べると、ある意味での具体性に欠けるが、より根本的、ベースとなる部分の解説となっているともいえよう。たとえば「専ら気を柔に致して、よく嬰児たらんか」（第十章）については、次のようにある。

専ら任せるということである。「きわめる」ということである。自然の気に任せていれば、至柔のきわみに到る。それには、嬰児のように無欲であることである。そうなれば物的にも、過不足はなくなるし、心的にも安定する。（『老子道徳真経』）

三、宋の時代の皇帝・徽宗の注も興味深い。徽宗はたへんな教養人で、書画もよくしたし、詩も優れたものを残している。徽宗注の特徴は、『易』『論語』などの儒教の教典や『荘子』、あるいは『素問』といった医学書も援用して、おおいなる道の普遍性をよく説いていることにある。全体にむだのない、よくまとまった注といえよう。たとえば「上善は水のごとし」（第八章）では、次のように注をする。

『易』には「一陰一陽を道という。これを受け継ぐものは善である」とある。『荘子』には「道が行われなくなって善なるものが出てくる」とある。つまり、善なるものが現れるときは、道のすたれたときなのである。天は究極の一を得て「水」を生む。この「水」は、おおいなる道と同じと考えてよく、深淵であり、虚であり、静である。つまり、これこそが究極なのである。（本当の「善」とは、おおいなる道そのものなのである。おおいなる道は「水」と同じく虚であり、静である）ために「上善は水のごとく」とあるのである。（『御解道徳真経』）

四、皇帝の注ということでは、唐の玄宗の注もあげておきたい。玄宗の注は、優れているというより、かなりユニークで読んでいておもしろい。「曲がっているからこそ完全である」という「曲たれば、すなわち全《まった》し」（第二十二章）には、次のように注をしている。

曲がっているといっても、役にたつのであれば、これは完全といえる。

たしかにその通りであろう。ついでに「柔を守るを強という」（第五十二章）には、次のようにある。

柔を守っていて、弱いといわれたのでは、だれも柔を守ろうとはしない。これは柔を守っていれば、強い、といわなければならない。（『御註道徳真経』）

五、中国の弘法大師と言いたいくらいに、一般に人気のある呂洞賓《りょどうひん》も、『老子』の注をしている。呂洞賓の注は精緻を極めており、実際の修行のヒントとなるような情報も多い。じつに優れているのであるが、とにかく長い。ここでは、ごく一部を紹介しておこう。「天下の至柔」を説く第四十三章の冒頭部分の注のはじめのあたりである。

この章は、前の章で、無為の益について、充分に説明しきれていないので、それを補う意味も持っている。天下の至柔とは清心、静意、絶欲、安神の境地にあることである。天地にとらわれることなく、物にとらわれることもない。ただ「一」なる気に貫かれて、丹が生まれる。こうした心の状態をいうのである。（『道徳経釈義』）

六、白玉蟾《はくぎょくせん》は神仙道の有名な修行者であり『周易参同契』や『悟真篇』といった神仙道の根本教典の注も行っている。『老子』の注は簡潔で、あたかも禅問答のようである。また全体に禅的な考え方もうかがえる。とくに精神面での修行にあっては、大いに参考になろう。たとえば第七章の「天長地久」や「ゆえによく長生す（そうであるからよく長生きができる）」には、次のようにある。

「天長地久」湛然として無為であることである。

「ゆえによく長生す」生まれることも、死ぬことも、もともとありはしない。

七、宋常星は、清の時代の人である。はじめは高級官僚であったが、のちに無為自然の道に入った。宋常星の注は、その経歴が示すように、儒教的な部分も含んでいて、無為自然に生きるとはどのようなことなのかをよく教えてくれる。おおいなる道の修行を実生活にいかすための味わい深い内容である。「その骨を強くする」（第三章）には、次のように注をする。

骨を強くするとは、たとえるなら道のまま、徳のままで生きる、ということである。道徳をして自分に勝つということであって、道徳をして他人に勝つのではない。これが「骨を強くする」ということなのである。つまり、自分に勝つことを骨を強くする、と言っているのである。人に勝つには、力を強くする、ことがなければならない。つまり、骨を強くする、とは、自分を磨くとの妙を述べたものなのである。堅固な精進の心、それを実践することなのである。そうすれば結果は必ずついてくる。道徳は高いものとなり、その高い志は揺るぐことがない。こうした堅固さを、骨に例えたところに「その骨を強くする」という言葉が生まれたのである。(『道徳経講義』)

以上に紹介した「注」は、すべて道蔵精華「道徳経名注選輯」(一から七)に納められている。また、これらはすべて古典であるから、いろいろなところで出版されている。とくに河上公注、王弼注は、単独でも出版されている。

本文の「詩」をとった陸西星は明の時代の人で、「老子玄覧」は、『方壷外史』に納められている。『方壷外史』は、陸西星の神仙道に関する著作を集めたもので、これも道蔵精華に入っているし、天下の名著として知られているので、単独で出版されることもあるようである(ちなみに道蔵精華は、台湾の自由出版社から出されているが、インターネット上にデータがあがっているようである)。また帛書『老子』も、いろいろなところで見ることができる。これにさらに注を加えたものもある。わたしが使ったのは厳一萍編の『帛書竹簡』(芸文印書館　台湾　一九七六年)である。

(これらの文献は、taiwan yahoo あたりで検索をかけると、見ることができることもある)

清水 豊◉しみず ゆたか

一九六〇年生まれ。十代より八卦拳、楊家太極拳、合気道、大東流、新陰流、立身流などを修行する。また中央大学、国学院大学大学院、国立台湾師範大学などで神道や中国思想の研究を行う（専攻は思想史）。大学院在学中から植芝盛平の神秘思想に関する論文を多数発表。著書に『太極拳秘術』『植芝盛平の武産合気』（共に柏書房）『古事記と植芝盛平―合気道の神道世界』『神仙道と植芝盛平―合気道と太極拳をつなぐ道教世界』『「むすび」の武術と植芝盛平―合気道・太極拳・八卦拳』（共にビイング・ネット・プレス）がある。現在は執筆のかたわら八卦門両儀堂で太極拳、八卦拳、合気之術の教授を行っている。

八卦門両儀堂のホームページ
http://www.baguamen.com/

カバー作品：「青の記憶」薬師寺一彦
（協力：Studio HARAKARA）

老子と太極拳

2013年　7月10日　初版第1刷発行
2020年　2月28日　初版第2刷発行

著　者――――清水　豊
発行者――――野村敏晴
発行所――――株式会社 ビイング・ネット・プレス
〒252-0303 神奈川県相模原市南区相模大野 8-2-12-202
電話 042-702-9213　FAX 042-702-9218
装　丁――――山田孝之
印刷・製本――――モリモト印刷株式会社

ISBN978-4-904117-94-1 C0075 Printed in Japan

古事記と植芝盛平

合気道の神道世界

清水　豊＝著

定価＝本体 1900 円＋税

合気道の開祖・植芝盛平が古神道から会得した呼吸法・身体観・言霊・草薙の剣の真髄を詳解する。

中国武術秘訣

太極拳・君子の武道

清水　豊＝著

定価＝本体 2400 円＋税

中国明代の武術古典を読み解いた修練のための秘訣集。初伝＝肉体鍛錬の秘訣、中伝＝攻防の秘訣、奥伝＝精神を養う秘訣

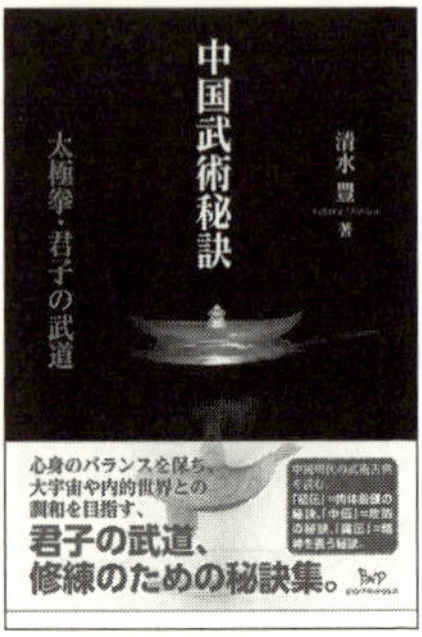

「むすび」の武術と植芝盛平

合気道・太極拳・八卦拳

清水　豊＝著

定価＝本体 1900 円＋税

「むすび」の武術による霊的覚醒。アクエリアスの時代、よみがえった王道の武術が、人類の霊的覚醒を助ける。